Els Borbons en pilotes

Text

Fidel Balés, Sònia Cebrián, Paco Espiga,
Jaume Oliveras, M. Àngels Pagès, Anna Puig,
Joan Vall, Dani Vilà i Joan Villarroya

Dibuix

Napi, Joan Antoni Poch (Jap),
Miquel Ros i Jordi Soler

Cossetània Edicions

El Punt

Els Borbons en pilotes

Primera edició: juny de 2004

Edita:

El Punt. Ctra. de Santa Eugènia, 42 • 17005 Girona
Tel. 972 18 64 00 - Fax 972 18 64 20

Cossetània Edicions. C/ de la Violeta, 6 • 43800 Valls
Tel. 977 60 25 91 - Fax 977 61 43 57

Disseny i maquetació: Imatge 9, SL

Impressió: Anfigraf

Dipòsit legal: L-696-04

ISBN: 84-9791-51-6

ÍNDEX

DE FELIP A FELIP

L'1 de novembre del 2003 la Casa Reial va anunciar el compromís matrimonial del príncep Felip amb Letizia Ortiz, i l'atenció mediàtica i els rumors dels ciutadans entorn de la vida afectiva de l'hereu Borbó s'han multiplicat. De fet, ja abans, molt abans, quan el futur rei va començar a freqüentar les companyies femenines i a diversificar-les, les noces necessàries es van convertir en font d'inspiració per a converses, vaticinis, crítiques, rumors, acudits, tertúlies mediàtiques, articles periodístics i debats polítics: de tot i a tots els nivells —com es correspon amb un matrimoni que és una qüestió d'estat encara que es presenti inevitablement tenyit de rosa—. Ara que la candidata oficial a convertir-se en reina consort ja té noms i cognoms, es ven l'esdeveniment amb un tint de modernitat: casament per amor amb una professional liberal de prestigi reconegut i separada d'un matrimoni anterior. Això, a la cort borbònica no és cap novetat, perquè la modernitat, entesa com a alliberament afectiu, sentimental i sexual, fa segles que s'hi practica. De separacions matrimonials i de relacions extraconjugals, secretes i no tan secretes, n'hi ha hagut sempre. Isabel II n'és un exemple il·lustratiu en allunyar-se de Francesc d'Assís (*Paquito el Marieta*) dies després de casar-s'hi. Es complia així la premonició dels seus interlocutors quan ella els va descriure la primera nit de noces: "*Qué te diré yo de un hombre que esta noche llevaba más encajes que yo*". I Enna de Battemberg també dóna el to quan etziba a Alfons XIII un adéu tan sincer com l'amor que es van jurar davant l'altar: "*No quiero ver tu fea cara nunca más*".

La mateixa Enna es permet protagonitzar, al segle passat, modernitats que a l'Espanya democràtica i constitucional han ajudat a fer perdre la cursa a la precandidata Eva Sannum. Enna de Battemberg va cedir la seva imatge per intentar vendre més crema d'una reconeguda firma de cosmètics. I també va fer-se un sobresou la seva filla, la infanta Maria Cristina, cedint la imatge a Camomila Intea al costat d'un missatge publicitari que és bo de debò: "*Pese a nuestra leyenda de mujeres de ojos negros y pelo como la endrina, cuando una española resulta rubia es dos veces guapa: una vez por ser española y otra por ser rubia*".

D'operacions de marxandatge entorn de la Casa Reial n'hi ha d'ancestrals, com la que va idear el propietari d'una lleteria que freqüentava Alfons XII. El lleter va dissenyar un rètol per al seu local amb el distintiu de proveïdor de la Casa Reial, tot i que el nom de l'establiment era Vaquería del Republicano, i tot i que Alfons XII no la freqüentava per proveir-s'hi de llet, sinó perquè se n'anava al llit amb la filla del vaquer. Quan Alfons era príncep i es formava a l'escola Theresianum, la seva mare, Isabel II, li va enviar la cantant Elena Sanz perquè el controlés. El pretext inicial va ser entregar un paquet al príncep, i amb els anys es van concedir un parell de fills. El Rei es casaria dues vegades, però la reina mare ho va considerar poc. "*Ella es mi nuera ante Dios*", acostumava a dir Isabel II quan es referia a Elena Sanz. No se n'amagava, com tampoc s'amagava de l'origen dels seus descendents, que el poble i la cort van rebatejar amb l'àlies *Els Amants*. Alfons XII era *El Puigmoltejo* (per Enric Puigmoltó, vescomte de Miranda, conegut com *El Pollo Real*). A altres de la nissaga dels Borbó no se'ls va atorgar un sobrenom en record del procreador, però és que la seva fesomia ho feia innecessari. És el cas d'alguns fills de Carles IV i Maria Lluïsa de Parma que no lluïen la inconfusible nàpia aguilenca que al llarg dels segles ha constituït un distintiu borbònic i que gaudien d'un apèndix nasal clavat al del primer ministre, Manuel Godoy. En el llibre de José García Abad *La soledad del Rey*, es posa en boca de Joan Carles I una frase que dóna totes les pistes sobre què trobareu en els 21 capítols de la sèrie. "*Yo, en cambio, soy producto de mil leches*", assegura el rei d'Espanya en un context en què es contraposa la personalitat dels Borbons a la de la seva majestàtica i professional esposa, la reina Sofia. El rigor històric de l'afirmació del monarca està fora de dubte: les interferències d'un ampli ventall d'amants, amics i amistançades en la línia successòria borbònica la podeu resseguir en el seu arbre genealògic (a la pàgina següent). Sobre la base de la documentació històrica i bibliogràfica entendreu la tossuderia de la Revolució Francesa per demostrar que la sang blava no té res a veure amb la realitat i que els reis tenen els mateixos vicis i virtuts que tots els mortals. I entendreu el mestre de periodistes Indro Montanelli quan, en franca dessacralització, afirmaria que "*la corona règia no només és feta de brillants i perles sinó també de banyes*".

La «nissaga» dels Borbons

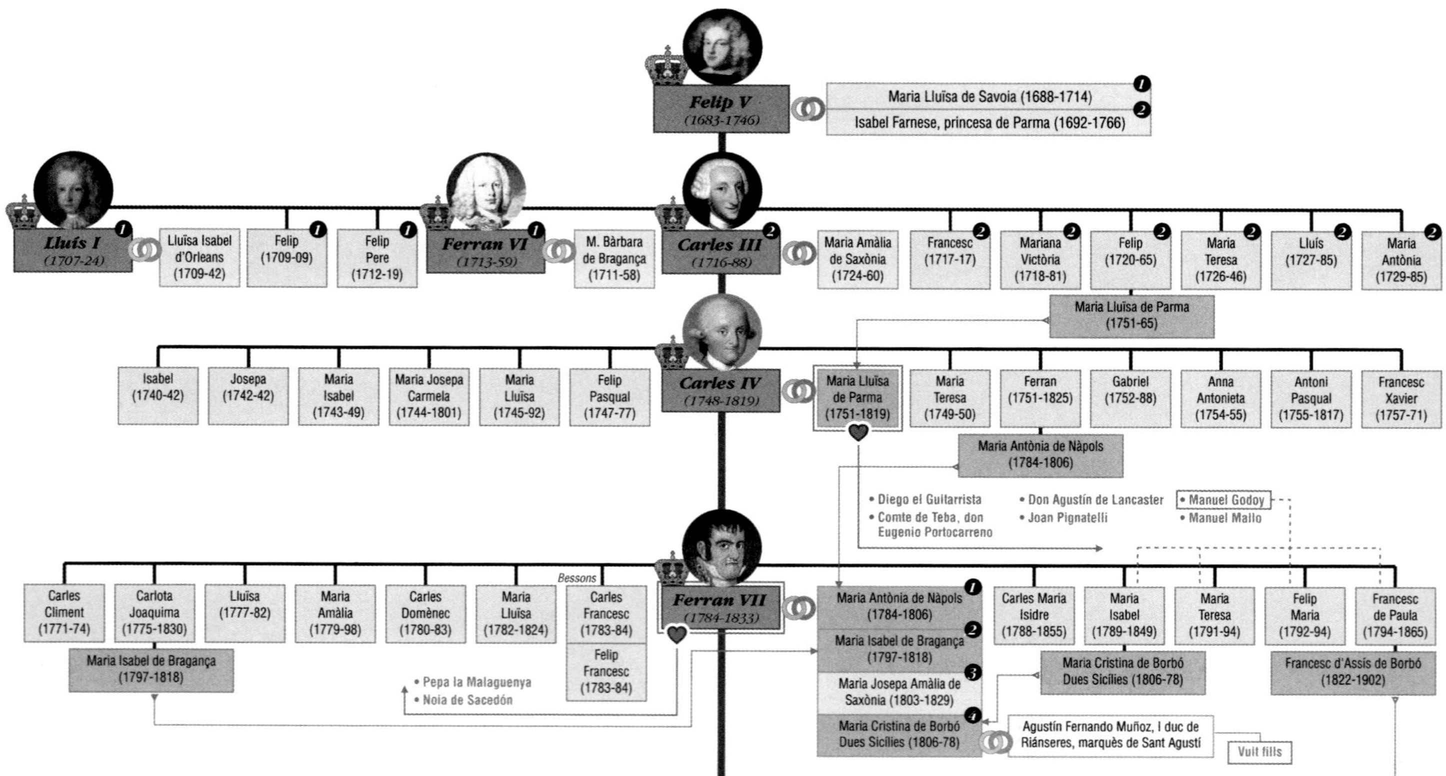

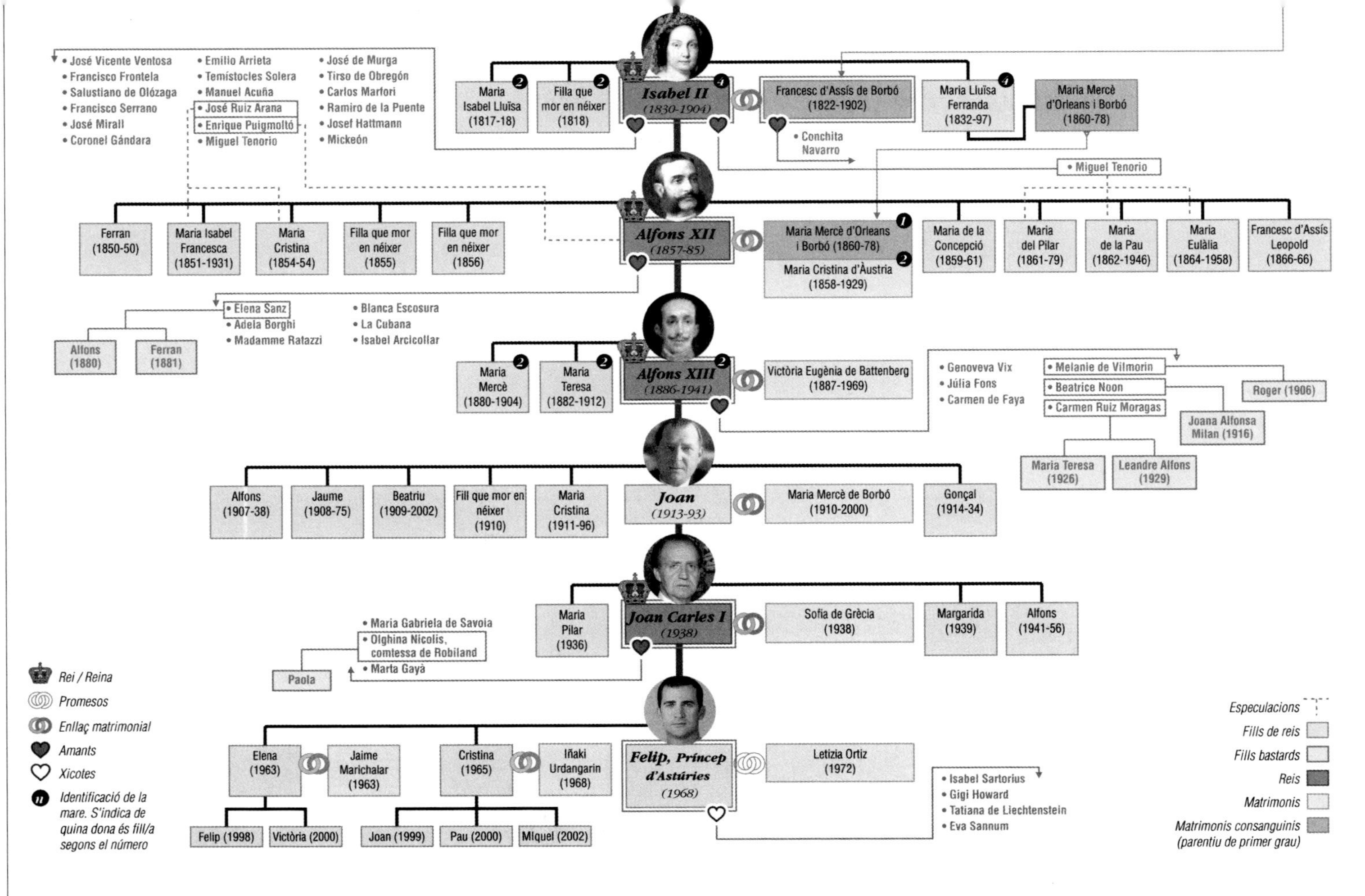

José Vicente Ventosa
Francisco Frontela
Salustiano de Olózaga
Francisco Serrano
José Mirall
Coronel Gándara
Emilio Arrieta
Temístocles Solera
Manuel Acuña
José Ruiz Arana
Enrique Puigmoltó
Miguel Tenorio
José de Murga
Tirso de Obregón
Carlos Marfori
Ramiro de la Puente
Josef Hattmann
Mickeón
Maria Isabel Lluïsa (1817-18)
Filla que mor en néixer (1818)
Isabel II (1830-1904)
Francesc d'Assís de Borbó (1822-1902)
Conchita Navarro
Maria Lluïsa Ferranda (1832-97)
Maria Mercè d'Orleans i Borbó (1860-78)
Miguel Tenorio
Ferran (1850-50)
Maria Isabel Francesca (1851-1931)
Maria Cristina (1854-54)
Filla que mor en néixer (1855)
Filla que mor en néixer (1856)
Alfons XII (1857-85)
Maria Mercè d'Orleans i Borbó (1860-78)
Maria Cristina d'Àustria (1858-1929)
Maria de la Concepció (1859-61)
Maria del Pilar (1861-79)
Maria de la Pau (1862-1946)
Maria Eulàlia (1864-1958)
Francesc d'Assís Leopold (1866-66)
Elena Sanz
Adela Borghi
Madamme Ratazzi
Blanca Escosura
La Cubana
Isabel Arcicollar
Alfons (1880)
Ferran (1881)
Maria Mercè (1880-1904)
Maria Teresa (1882-1912)
Alfons XIII (1886-1941)
Victòria Eugènia de Battenberg (1887-1969)
Genoveva Vix
Júlia Fons
Carmen de Faya
Melanie de Vilmorin
Beatrice Noon
Carmen Ruiz Moragas
Roger (1906)
Joana Alfonsa Milan (1916)
Maria Teresa (1926)
Leandre Alfons (1929)
Alfons (1907-38)
Jaume (1908-75)
Beatriu (1909-2002)
Fill que mor en néixer (1910)
Maria Cristina (1911-96)
Joan (1913-93)
Maria Mercè de Borbó (1910-2000)
Gonçal (1914-34)
Maria Gabriela de Savoia
Olghina Nicolis, comtessa de Robiland
Marta Gayà
Paola
Maria Pilar (1936)
Joan Carles I (1938)
Sofia de Grècia (1938)
Margarida (1939)
Alfons (1941-56)
Elena (1963)
Jaime Marichalar (1963)
Cristina (1965)
Iñaki Urdangarin (1968)
Felip, Príncep d'Astúries (1968)
Letizia Ortiz (1972)
Isabel Sartorius
Gigi Howard
Tatiana de Liechtenstein
Eva Sannum
Felip (1998)
Victòria (2000)
Joan (1999)
Pau (2000)
Miquel (2002)
Rei / Reina
Promesos
Enllaç matrimonial
Amants
Xicotes
Identificació de la mare. S'indica de quina dona és fill/a segons el número
Especulacions
Fills de reis
Fills bastards
Reis
Matrimonis
Matrimonis consanguinis (parentiu de primer grau)

Felip V

Obsessionat pel deure conjugal

La dinastia dels Borbons s'instal·la a Espanya amb el regnat de Felip V, duc d'Anjou, nét de Lluís XIV de França. Nascut al palau de Versalles, va créixer en un rutinari i estricte ambient sense gaires atencions de la seva mare, que, a més, va morir quan ell tenia només set anys. Els seus instructors particulars omplen les seves hores de formació amb matèries més o menys cultes i seguint els costums protocol·laris que imperen a la cort de Versalles. D'amagat d'ells, el futur Felip V intenta posar-se al corrent en les arts amatòries seguint la pista de les cambreres, però segons els cronistes de l'època, la primera presa de contacte amb l'altre sexe, que s'emmarca en la plena adolescència de Felip, és molt superficial i no inclou cap exercici pràctic. Al segle XVIII les possibilitats dels prínceps per triar la seva esposa estaven a anys llum de la pseudollibertat que ha tingut l'actual príncep Felip, que durant temps i temps ha espigolat en un camp de nombroses candidates per veure quina li convenia més. El seu antecessor no va tenir cap possibilitat de triar i remenar i en aquella època hauria estat incomprensible triar una noia que no té res a veure ni amb princeses ni amb aristòcrates. Els casaments reials de l'època formen part de la vida política i, a Felip V, la núvia la hi trien, i ben jove. És el seu avi Lluís XIV qui assumeix el paper de Celestina i acaba tancant l'acord. Les negociacions són llargues però acaba concertant el matrimoni amb la filla petita dels ducs de Savoia, Maria Lluïsa. Encara no ha fet ni tretze anys, que el seu retrat ja ha estat intercanviat pels seus progenitors per un de Felip. El retrat és l'única concessió que es fa als protagonistes abans del dia del casament. Els futurs nuvis no hi tenen ni veu ni tampoc vot, i són els últims a intervenir en el procés. A Felip i Maria Lluïsa, el casament els el programen el 3 de novembre del 1701, a Figueres, un any després que fos proclamat rei en morir sense descendència el darrer Àustria, Carles II. Felip V, ja prou passiu i poc enraonador, havia accentuat encara més el seu caràcter amb l'arribada al tron espanyol, als disset anys. No parlava gens de castellà, detestava la gastronomia espanyola i les *corridas* de toros el corsecaven. Ni la recusació del testament de Carles II ni l'amenaça

de guerra per la successió que havia fet l'arxiduc Carles arribaven a motivar-lo. La perspectiva de l'experiència matrimonial, en canvi, el treia de la seva passivitat i el feia reaccionar. Des del primer dia que va conèixer la decisió del seu avi, que es va mostrar impacient per conèixer la qui havia de ser la seva esposa. Fins al punt que l'1 de novembre del 1701, mentre espera el moment a la capital de l'Alt Empordà, es munta un pla estratègic per saltar-se el protocol i conèixer la seva futura dona abans de passar per l'altar. Es deslliura de les elegants mudes reials que llueix cada dia i es caracteritza d'escorta, i així, d'incògnit, es dirigeix amb el seu cavall cap a la Jonquera, per on ha d'entrar Maria Lluïsa Gabriela el dia 2 de novembre. Quan detecta el carruatge reial va a trobar-la sense identificar-se i s'acaba incorporant a la comitiva, amb els guàrdies que custodien la futura reina. Hi intercanvia paraules però no se li presenta en tot el trajecte, que acaba a Figueres, on tot i tothom és a punt per celebrar l'esdeveniment nupcial. Els cronistes de l'època descriuen la cerimònia com un acte auster i sense gaires filigranes, ni lloc per a imprevistos. Però se'n produeix un que acaba amb conseqüències per al rei, ja que li suposarà que es posposi el que més espera de la jornada: la consumació del deure conjugal. I és que, per una banda, Maria Lluïsa està indignada perquè li han fet renunciar al seu servei

piemontès i les seves substitutes s'han confabulat amb les cambreres per evitar que cap plat de la cuina francesa arribi a taula. Així, l'àpat nupcial, que havia estat meticulosament dissenyat amb una proporcional combinació de guisats francesos i espanyols, acaba essent una degustació culinària de la cuina de les terres castellanes. Mentre les cambreres van desfilant de la cuina al menjador, els van caient plats. I curiosament, tots els que cauen, són els que han estat preparats seguint les arts culinàries franceses. La reina aconsegueix mantenir les formes durant la celebració, però en la intimitat fa boicot i es tanca a la cambra nupcial amb pany i forrellat, i en deixa fora el marit, ansiós d'*estrenar-se*. La porta es manté tancada, la nit de noces. I les dues següents, també. No serà fins tres dies després que Felip V podrà demostrar a la seva esposa les facultats sexuals. A partir d'aquella primera nit, com si haguessin de recuperar el temps perdut, l'activitat nocturna de la parella és frenètica, i l'allarga també durant el dia. La mateixa princesa d'Ursinos, María de la Trémoille, que els fa de cambrera major a petició expressa de Lluís XIV, ho explica per carta d'una manera ben explícita:

> *El rey no se levantaría en todo el día si no descorriese yo el cortinaje de su cama, y sería una especie de sacrilegio que no penetrase quién no fuera yo en la cámara real, cuando SS.MM. están echados.*

A la cort corren rumors de l'ús d'afrodisíacs de l'època per potenciar la capacitat sexual de Felip V, que ha centrat la seva vida a complir el deure conjugal. La situació de deixadesa respecte a les altres obligacions arriba a un punt que el seu avi, Lluís XIV, l'insta en continuades cartes a no fer tant l'amor i a fer més la guerra, perquè Carles d'Habsburg està guanyant terreny. Tot i les excuses, Felip V acaba cedint i s'embarca cap a Nàpols. La seva esposa també es resigna i ho fa saber, també per carta, al seu avi polític:

> *Creo poder decir sin faltar a la modestia, señor, que yo amo apasionadamente al rey; así que no sabría separarme de él, más que con un extremo dolor.*

Felip V segueix les instruccions de l'avi i va a la guerra mentre Maria Lluïsa i la princesa d'Ursinos assumeixen la regència del país, però els períodes d'abstinència no són ben portats per la parella i es planifiquen trobades a mig camí per satisfer els seus desitjos sexuals. Felip abandona la línia de foc per trobar-se amb la seva dona en hostals, castells o en qualsevol altre lloc. El mariscal de Tessé se sent obligat a informar-ne per carta el ministre francès Torcy:

> *El soberano, por breves días, abandonará el mando del ejército porque lleva cerca de tres semanas sin ver a la reina y esto les es ciertamente insufrible.*

La descendència arriba el 1707, malgrat els rumors que s'han fet circular sobre l'esterilitat d'algun membre de la parella. Després del primer embaràs reial en vénen tres més, i els parts successius deterioren la imatge de Maria Lluïsa, que, a més, ha agafat la tisi.

La reina s'obsessiona per l'aparença i intenta dissimular el seu deteriorament físic amb remeis casolans: es posa sang de colomí al cap i una perruca per amagar la pèrdua de cabell, i dissimula les inflamacions de ganglis col·locant-se mocadors i xals. Vol aconseguir i aconsegueix mantenir l'atracció de Felip V, que no la perd en cap moment, malgrat les recomanacions dels metges que els prescriuen abstinència carnal pel risc de contagis. La seva obsessió arriba tan lluny que en l'última etapa de la malaltia de Maria Lluïsa Felip s'instal·la un llit al costat del de la moribunda i continua fent salts de l'un a l'altre. A les recomanacions dels facultatius, s'hi afegeixen les dels polítics, i fins i tot el duc de Noailles s'atreveix a proposar-li que calmi les seves fogositats amb alguna de les dames del servei, però el rei, que vol mantenir-se fidel a la seva esposa, se sent tan ofès que acaba desterrant el duc de la cort.

Al febrer del 1714, Maria Lluïsa mor. Felip V cau en una intensa crisi de malenconia. Conscient de la fermesa del rei a no buscar plaer sexual sense passar per la vicaria, la princesa d'Ursinos i l'abat Alberoni li fan la tria: Isabel de Farnesio. Felip V ho accepta, Lluís XIV hi

dóna el vistiplau i el casament es programa per al 24 de desembre. Els cronistes expliquen que les necessitats del rei són tan intenses que no abandonen la cambra nupcial fins minuts abans de les dotze de la nit, per assistir a la missa del gall. La parella, que professa el catolicisme, viu intensament la vida conjugal i van del llit al confessionari. Ni a l'hora de la confessió se separen. Felip V vigila l'esposa amb el capellà i si la confessió dura més del que ell considera necessari, hi intervé i la dóna per acabada. El rei té 31 anys i la Farnesio, 22. L'abat Alberoni havia descrit la candidata com:

> *una buena muchacha, feúcha, insignificante, que se atiborra de mantequilla y queso parmesano, educada en lo más intrincado del país, donde jamás ha oído hablar de nada que no sea coser, bordar y cosas por el estilo. Una princesa dócil cuanto pueda desearse...*

El temps li va prendre la raó. Isabel de Farnesio va portar les regnes del poder i ell va anar de la malenconia a la depressió amb parada i fonda al sexe de la reina, fins al juliol del 1746, que Felip V mor en l'alienació.

BIOGRAFIA

✔ **VIDA.** Va néixer al palau de Versalles, el 19 de desembre del 1683. Era fill del delfí de França i de Maria Anna de Baviera, i nét del monarca francès Lluís XIV, i tenia el títol de duc d'Anjou. Va morir al palau del Buen Retiro, de Madrid, el 9 de juliol del 1746.

✔ **ELS MATRIMONIS.** Es va casar dues vegades. Primer, el 3 de novembre del 1701, amb Maria Lluïsa Gabriela de Savoia (Torí, 1688-Madrid, 1714). El matrimoni va tenir quatre fills: Lluís (1707-1724), el futur Lluís I; Felip (1709; morí el mateix any), Felip Pere (1712-19) i Ferran, el futur rei Ferran VI (1713-59).

Es va casar en segones núpcies el 24 de desembre del 1714 amb Isabel Farnesio (Parma, 1692-Madrid, 1766). Amb ella va tenir set fills: Carles III (1716-88), Francesc (1717-17), Mariana Victoria (1718-81), Felip (1720-65), Maria Teresa (1726-46), Lluís (1727-85) i Maria Antònia (1729-85).

EL REGNAT (1700-24 i 1724-46)

✔ **GUERRA PEL TRON.** El darrer Àustria hispànic, Carles II, va deixar a Felip els seus dominis en herència, i va ser proclamat rei el 24 de novembre del 1700, quan només tenia 17 anys. L'arxiduc Carles d'Àustria va recusar el testament i va reclamar la corona per les armes, per la qual cosa es va originar la guerra de Successió el 1702. Catalunya i Aragó, en contra de la tradició centralitzadora i absolutista que representen els Borbó, va aliar-se amb l'arxiduc. Catalunya s'hi va resistir. A Barcelona hi va haver un llarg setge de catorze mesos que va acabar el 1714 amb la batalla de l'Onze de Setembre, amb la victòria de Felip V. Aleshores es van dissoldre les institucions catalanes de govern, com a conseqüència de la implantació del decret de Nova Planta, com ja s'havia fet als regnes d'Aragó i València.

✔ **INFLUENCIABLE POLÍTICAMENT.** Políticament, es va deixar influir per les seves esposes. Primer van ser Maria Lluïsa Gabriela de Savoia i la seva cambrera major, les que el van pressionar en el desenvolupament de la guerra de Successió. Després, la seva segona esposa, Isabel Farnesio, tenia molta ambició de poder, i va participar molt activament en el govern (sobretot quan el rei va emmalaltir), i va aconseguir les corones de Nàpols i Sicília per a un dels seus fills (Carles), i per a un altre (Felip), els ducats de Parma, Piacenza i Guastalla.

✔ **DUES ABDICACIONS.** Felip V va abdicar a favor del seu fill primogènit, Lluís, el 10 de gener del 1724, el qual, però, mesos després va morir, i Felip V va haver de tornar a assumir la corona, fins que el 1746 va morir, i el va succeir Ferran VI.

Lluís I

Nueses i corredisses a palau

A la mañana siguiente, el príncipe parecía satisfecho; la princesa, acalorada. Ambos, muy alegres.

Així és com un diplomàtic de l'època descriu l'estat d'ànim de Lluís I i Lluïsa Isabel d'Orleans després de la consumació del matrimoni. Es referia a la de veritat, a la segona, un any després del casament. El dia del casament eren tan joves —ell tenia 15 anys i ella, 12— que l'escenificació sota els llençols que van fer per als cortesans només era això: una escenificació. Era el 20 de gener del 1722 i la cerimònia nupcial tenia tots els ingredients dignes per figurar entre els actes més luxosos de qualsevol cort europea. No hi falta ni un detall. Regals preuadíssims per a tots, fins i tot per al servei; àpats suculents, balls amb coreografia i focs artificials. La jornada es remata amb una peculiar nit nupcial que en aquell temps sorprèn sobretot els membres de la cort espanyola. Els de la francesa ja ho tenien per la mà. Formava part dels seus costums que la primera rebolcada dels nuvis, quan eren massa joves, es fes sota el control estricte del servei.

S'obre el teló

Els comensals i tota la comitiva de la cort segueixen en fila índia la núvia i el nuvi fins a l'alcova. Un cop a dins, mentre els protagonistes s'acomoden a l'escenari, els cortesans que fan de públic es disputen els primers llocs per seguir de prop la funció. El cortinatge s'obre i apareixen els joves nuvis sota els llençols del llit nupcial. Els seus cossos nus es confonen entre els plecs de la seda, els domassos i vànoves daurades. El servei flanqueja el llit perquè sota els llençols Lluís i Lluïsa Isabel no facin el que encara no toca. La representació és d'un sol acte i de curta durada. El teló torna a tancar-se i quan els espectadors ja han abandonat el teatre improvisat, els actors també deixen l'escenari. No el tornaran a ocupar fins al cap d'un any, quan Lluís I faci 16 anys i ella hagi tingut la primera menstruació. Mentrestant, l'espòs s'haurà de conformar amb el que li proporcioni la imaginació a partir de la contemplació del retrat de Lluïsa Isabel que li van fer arribar de la cort de la seva futura esposa quan es negociava el matrimoni. Però al cap d'unes setmanes, fins i tot el retrat li retiren. La decisió es pren perquè el retrat "altera el descans de sa altesa", segons els cronistes. La imatge immortalitzada de Lluïsa Isabel la van fer enviar al futur rei d'Espanya quan ella encara no tenia ni nom. I és que, a diferència de Lluís —tan estimat per tothom que va ser mereixedor de l'àlies *El Bien Amado*— , la futura reina es va guanyar la mala premsa a la seva mateixa família. Ja d'entrada, va néixer amb mal peu, en franca contradicció amb els interessos dinàstics. Després de parir quatre nenes, la seva mare, Maria Francesca de Borbó (filla bastarda, però reconeguda, de Lluís XIV) i el seu pare, Felip de França, el duc d'Orleans, esperaven un fill mascle, i els va sortir ella. La decepció va ser tal que a l'hora d'inscriure-la en el registre no li van posar nom de pila. Era, simplement, *mademoiselle* de Montpensier. Tampoc la van batejar. I no es van adonar de la importància dels descuits i de tot el *pack* sacramental fins a ser a les portes del casament. Llavors, en qüestió d'una setmana, la *mademoiselle* va ser remullada amb aigua baptismal, va fer la primera comunió, la segona i la confirmació. En aquest currículum innat, com a resultat d'haver nascut en un mal moment i amb un sexe no volgut, hi va haver d'afegir tot el que ella es va guanyar a pols: era una nena senzillament repel·lent. Tant, que l'àvia, quan la van col·locar a les mans de Lluís I, va dir:

> *No puede decirse que* mademoiselle *de Montpensier sea fea* [...] *Sin embargo, a pesar de todo esto, es la persona más*

desagradable que he visto en mi vida; en todas sus acciones, bien hable, bien coma, bien beba, nos impacienta, por lo cual ni yo ni ella hemos vertido lágrimas cuando nos hemos dicho adiós.

Realment és obstinada, capritxosa, mal educada i rebel. Als 5 anys l'havien ingressat al convent de Saint-Paul de Beauvais, però en va alterar greument la pau i la van expulsar. També l'alteraria després a la cort madrilenya, on els seus excessos no tenien aturador. Saint-Simon ho explica així:

Estaba Luisa Isabel bajo un dosel, en pie, las damas a un lado, los grandes del otro. Hice mis reverencias y después mi cumplido. Me callé luego, pero en vano, porque no respondió ni una palabra. Tras algunos momentos de silencio quise darle tema para contestarme, y le pregunté si algo deseaba [...]*Me miró y soltó un eructo estentóreo. Mi sorpresa fue tan grande que quedé confundido. Un segundo eructo estalló, tan ruidoso como el primero. Perdí la serenidad y no pude contener la risa; y mirando a derecha e izquierda vi que todos tenían su mano sobre la boca y que sacudían los hombros. Finalmente, un tercer eructo, más fuerte aún que los dos primeros, descompuso a todos los presentes y a mí me puso en fuga con cuantos me acompañaban, con carcajadas tanto mayores cuanto que forzaron las barreras que cada uno había intentado oponerles. Toda la gravedad española quedó desconcertada, todo se desordenó; nada de reverencias: cada uno torciéndose de risa corriendo como pudo, sin que la princesa perdiese ni un átomo de serenidad.*

En aquestes circumstàncies varen passar els mesos i va arribar el 25 d'agost del 1723, dia que l'hereu va fer 16 anys.

Segona funció

L'escenari es torna a muntar a la cambra matrimonial del palau d'El Escorial, però ara ja no serà un assaig general. És l'*estrena* de veritat. Els encara prínceps es posen a disposició dels reis perquè dirigeixin l'actuació que van deixar a mitges en la primera funció. A part d'assumir la feina de direcció, Felip V i Isabel de Farnesio també apareixen en els crèdits d'aquest film com a membres de l'equip de producció i com a ajudants de vestuari. I és que, abans d'accionar la claqueta, han de situar els protagonistes en el pla adient i vestir-los per a l'ocasió. Primer és el monarca, el qui fa els honors. Acompanya el fill a l'alcova i li dóna ordres perquè segueixi el guió estipulat i es comenci a desempallegar de la muda. Un cop l'actor s'ha desvestit per a l'ocasió, és el torn de la reina, que dirigeix el paper de la princesa, a imitació d'allò que instants abans ha representat el príncep. Ara el servei ja no ha d'impedir res i sembla que la cosa funciona, i la cort n'és testimoni. Però passada l'alegria dels primers dies, arriba la preocupació. Primer el marit i després la resta de la cort s'adonen que Lluïsa Isabel no és res més que una nena consentida que pretén fer sempre la seva santa voluntat, tant al llit com en qualsevol altre lloc. Sovint es veu el marit que abandona la cambra reial malhumorat. L'esposa només s'anima amb els seus cambrers i cambreres o corrent mig nua per patis i salons de palau. Lluís no sap com actuar ni què fer de la seva muller malcriada. A l'Archivo Histórico Nacional es conserven algunes de les cartes que Lluís envia al seu pare demanant "auxili" i "consells". I enmig de tot això, cinc mesos després d'haver perdut la virginitat, Lluís és proclamat rei d'Espanya perquè Felip V abdica a favor seu. La dolça

reina es diverteix escandalitzant la cort amb les habituals sortides inesperades i les corredisses per palau amb una roba més que lleugera. No només es dedica a mostrar-se nua als criats, sinó que tan aviat menja a rebentar com no menja res; i en rebre el toc d'atenció del marit o dels membres de la cort, no només no els fa cas sinó que els respon (com va respondre a Saint-Simon) amb un rot.

Lluís està desesperat i busca consol entre les dones de la nit madrilenya. Ni la disfressa de *chulo* madrileny que es posa perquè no el coneguin ni els intents per dissimular davant la cort i el poble allò què passa realment a la cambra matrimonial i als passadissos del palau són suficients per amagar allò que tothom ja sap. No tarden a sortir versos de poetes anònims.

Als ulls de la majoria, el rei és vist com el màrtir, i tothom acaba essent còmplice de les seves sortides nocturnes. Així com a ell li diuen *El Bien Amado*, a ella li posen *La Gabacha* i desperta més odis que no pas amors. El ventall de les seves excentricitats s'eixampla: passejades nocturnes, jocs lèsbics amb cambreres reials i falses acusacions d'assetjament sexual. L'*afer de la pomera* és només un dels rocambolescos episodis protagonitzats per la reina consort. És un dia d'aquests que es dedica a fer corredisses per palau sense roba interior, tot i que avui s'ha tapat les corbes sinuoses amb una camisa transparent i no gaire llarga. Guarnida així té la brillant idea d'enfilar-se en una pomera per abastar pomes. Amb una escala ho aconsegueix, però a l'hora de mantenir-se en equilibri la llei de la gravetat i el vi que ha ingerit li juguen una mala passada. Sort en té de l'eficient majordom, el marquès de Magny, que casualment passa per allà i és a temps de rescatar-la. En comptes d'agrair-li el miraculós salvament, la reina l'acusa de voler grapejar-la. L'episodi en qüestió és l'última gota que fa vessar el got, i el seu estimat espòs en culpa una donzella del servei. L'acomiada creient, ingènuament, que amb l'expulsió d'una mala influència farà canviar el comportament de Maria Lluïsa. Ella, però, continua fent de les seves i el monarca l'empresona. Ho explica així en una carta als seus pares:

> *Voy a contar a VV.MM. que la reina, cuando fue anoche a cenar, estaba tan extraordinariamente alegre, que me parece que se encontraba borracha* [...] *Ha almorzado después y se ha ido a lavar pañuelos, entre el escándolo de suponer. Ha asistido a la misa mayor porqué yo he esperado media hora para que se vistiese. Después ha comido bastantes porquerías, y después de haber comido se ha puesto en camisa y en esta forma se ha*

asomado a la gran galería de cristales, en donde la veían desde todas partes lavar los azulejos; de suerte que no veo otro remedio que el encerrarla, porque el mismo caso hace de lo que dice el rey como si se tratara de un cochero.

És el 4 de juliol de l'any 1724. La reina, primer, es posa furiosa. Després no para d'enviar cartes al marit i als sogres per demanar-los perdó i compassió. Lluís I ordena posar-la en llibertat després d'haver acomiadat més cambreres que culpa del comportament de la seva dona. La nit del 20 de juliol tornen a compartir llit al palau del Buen Retiro. Sembla que l'idil·li dels primers dies d'amor torna a renéixer, però ja no hi haurà temps. Lluís agafa la verola. Els reis pares i els infants se'n van a La Granja per no contagiar-se. Només Lluïsa Isabel es queda al seu costat, fins que, el 31 d'agost, el monarca mor. Tenia 17 anys.

Biografia

✔ **Vida.** Va néixer al palau del Buen Retiro, a Madrid, el dia 25 d'agost del 1707. En la seva infantesa li deien *El Bien Amado*. Va morir a Madrid el 31 d'agost del 1724.

✔ **El matrimoni.** El 20 de gener de l'any 1722 es va casar amb Lluïsa Isabel d'Orleans, a la localitat de Lerma. Lluïsa Isabel d'Orleans va néixer l'11 de desembre del 1709 a París, i va morir també a París el 16 de juny del 1742. Els seus pares eren Felip d'Orleans (el duc d'Orleans) i Francesca Maria de Borbó. El matrimoni no va tenir descendència.

El regnat (1724-24)

✔ **Els nomenaments.** Va ser proclamant príncep d'Astúries el 1709. El seu pare va abdicar a favor seu inesperadament, i va ser coronat rei el 16 de gener de l'any 1724. El flamant rei només tenia 17 anys.

✔ **Brevetat.** El seu regnat va ser molt breu, ja que el 31 d'agost va morir a causa de la verola, tan sols set mesos després d'haver pujat al tron. De fet, mai no va arribar a regnar de manera efectiva, ja que el poder reial era a les mans d'un gabinet de govern instituït pel seu pare, que tot i l'abdicació no es resignava a abandonar el poder. Continuava influint en la política del regnat, influït al mateix temps per la seva esposa, Isabel de Farnesio. Mort Lluís I, el seu pare, Felip V, tornarà a assumir *oficialment* la corona. Lluís I, en el testament, va tornar la corona al seu progenitor, ja que el seu germà Ferran encara era menor d'edat.

FERRAN VI I CARLES III

Virilitats dubtoses

Són Borbons d'excepció. Ferran VI i Carles III, com el seu pare, Felip V, són monògams. No se'ls coneix cap afer de faldilles i seran fidels a les seves esposes fins i tot després de mortes. Ferran VI sobreviurà un any a Maria Bàrbara de Bragança, però viurà immers en una forta depressió. Malalt d'amor. "*No quiere que le afeiten y se pasea en bata o camisa. Ésta no se la ha cambiado desde hace un tiempo increíble*", escriu en una comunicació al seu govern l'ambaixador anglès Lord Bristol. Per meritòria, però, la fidelitat de Carles III cap a Maria Amàlia de Saxònia.

> *Carlos la sobrevivirá 28 años durante los cuales castigó su cuerpo con baños fríos y ejercicios y cuanto pudiera serle útil para calmar sus ansias de sexo, porque no quería volver a tomar una mujer en lo que le quedara de vida. Y no la tomó. Ni una sola vez.*

Tan llarga i conscienciada abstinència ja es va entreveure el setembre del 1769, quan la reina va morir de manera inesperada. "*Éste es el primer disgusto serio que Amalia me ha dado en nuestro matrimonio*", comenta el rei a un dels seus ministres italians.

Els germans monògams comparteixen un altre tret: no fan nens. L'un perquè no pot i l'altre perquè no en sap. A la cort d'un i altre rei es dubta de la seva virilitat, però això només queda clar en el cas de Ferran VI, que després de 29 anys d'un modèlic matrimoni morirà sense tenir cap descendència. El seu germà Carles, que el succeeix en el tron, no sap fer mascles. De potència, a ell no li'n falta, però només sap fer nenes i les dones no entren a la línia successòria. En cinc anys tenen cinc nenes i a palau es qüestiona la capacitat del rei. De fet la cort sempre havia estat predisposada a dubtar de la virilitat de Carles. De solter sempre s'hi havia especulat perquè al príncep no li agradava la cacera i tenia afició per col·leccionar floretes.

Els metges també hi diuen la seva i sembla que amb arguments més científics. Li detecten deficiències fisiològiques derivades del seu cos tan poc robust i li diagnostiquen una debilitat en el semen. Per tonificar-lo li recomanen exercici i vida a l'aire lliure. La recepta se li posa bé i dels vuit fills més que tindran, sis seran mascles, i la cort haurà de callar. De fet, a Carles III no l'amoïnaven gaire els comentaris dels seus súbdits, ja que estava entestat a embellir Madrid perquè a Maria Amàlia no li agradava la ciutat. D'esperit reformista —com ho havia estat durant el seu regnat anterior a Nàpols—, Carles III promulga edictes que obliguen a mantenir nets els carrers, hi fa construir monuments i s'entesta a canviar alguns costums dels espanyols, els quals se li amotinen diverses vegades. "*Mis súbditos hacen como las criaturas, que lloran cuando les lavan la cara*", sentencia el rei. Tampoc havia aconseguit engrescar els espanyols Maria Bàrbara de Bragança, l'esposa de Ferran VI. La consideren avara i, després que ella fa construir el monestir de Las Salesas perquè hi pugui ser enterrada, li dediquen uns versos:

Bárbaro edificio,
bárbara renta,
bárbaro gasto,
Bárbara reina.

Però també Ferran VI i Maria Bàrbara van viure la seva monogàmia al marge de les crítiques de la cort i de la societat, entregats a la seva idíl·lica relació. I això que la història de la parella no podia començar més malament. El mateix pare de Maria Bàrbara, Joan V de Portugal, s'avergonyia públicament de les poques gràcies de la seva filla.

La cara de la señora infanta ha quedado muy maltratada después de una viruela, y tanto que afirmarse haber dicho su padre que sólo sentía hubiese de salir del reino cosa tan fea.

Ferran VI

Així s'expressava l'ambaixador d'Espanya a Lisboa, el marquès de Los Balbases, en una carta de l'any 1728 adreçada als reis, quan aquests reclamaven el pertinent retrat de la princesa que no acabava d'arribar mai. No va ser fàcil l'elecció de dona per a Ferran VI i això que havia començat quan el príncep només tenia onze anys. El seu pare, Felip V, ordena fer un inventari de les princeses disponibles. Se'n constaten un centenar, però en queden disset un cop descartades les massa grans, les massa petites i les que no convenen als interessos de la corona. Entre les disset hi ha Bàrbara de Bragança, que acabarà ocupant el tron espanyol després d'un procés de selecció que s'allarga quatre anys perquè Isabel Farnesio es vol assegurar un enllaç doble per col·locar la seva primogènita —Maria Victòria es compromet amb l'hereu del rei portuguès—. El preceptiu intercanvi de retrats que ha de seguir al compromís dels pares també s'allarga més d'un any malgrat els anhels de Ferran de tenir la imatge de la xicota que li han triat. No només Ferran es desespera. També els que participen en les negociacions del casament requereixen a la cort portuguesa que els enviïn el que toca. Els mateixos reis espanyols i l'ambaixador a Lisboa acaben signant missives en què reclamen el retrat. A la cort portuguesa, però, ultimen

experiments diversos ja que sotmeten la princesa a tota mena de tractaments. Ho revela l'ambaixador espanyol a Lisboa, el marquès de Los Balbases, en una carta que envia als reis espanyols per justificar el retard de l'enviament del retrat:

> *He sabido que desde hace algún tiempo se le vienen aplicando a Su Alteza ciertos remedios por si fuera posible igualar los hoyos de la cara y hacer remitir el humor que destila por los ojos a causa de la cruel enfermedad, con lo que hasta concluida la curación no quieren los reyes permitir la vista de su hija.*

La "cruel" malaltia en qüestió és la verola, que ha deixat plena de forats la cara de la futura reina. El marquès no para d'enviar artistes al palau portuguès perquè immortalitzin la imatge de la infanta, però els pintors en surten sense haver tret els pinzells ni la paleta. Després de setmanes i setmanes d'intents i precs, el marquès aconsegueix un retrat, que no s'assembla gens a la infan-

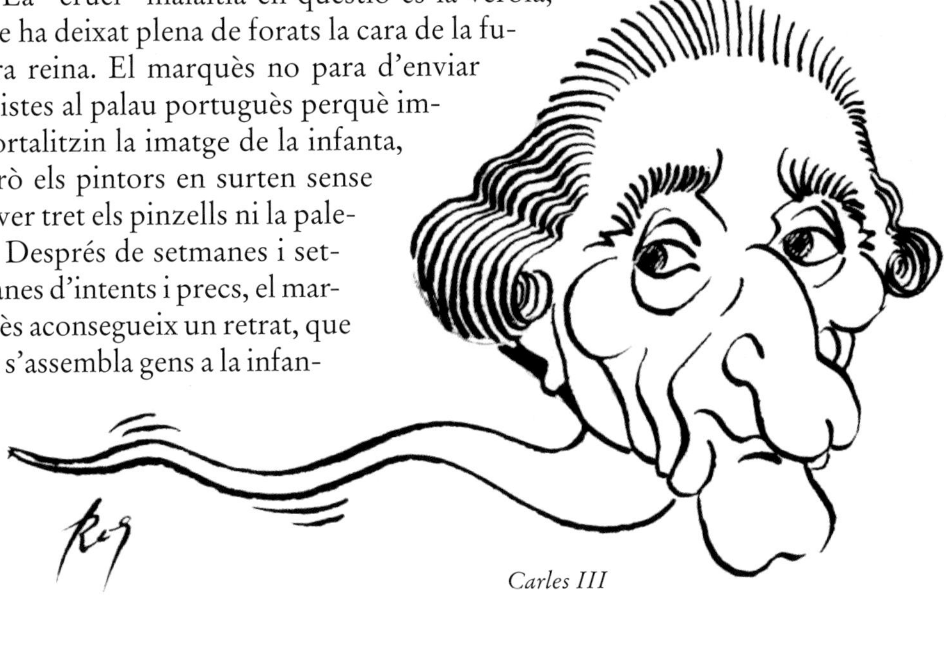

Carles III

ta de veritat. En la carta que adjunta al retrat, l'intermediari fa cinc cèntims als monarques espanyols de la minuciosa obra d'art que ha aconseguit fer el pintor per dissimular les imperfeccions:

> *No está nada semejante porque, además de encubrir las señales de la viruela, se han favorecido considerablemente los ojos, la nariz y la boca, facciones harto defectuosas.*

Malgrat la dedicació del pintor, Ferran no dubta a tancar el retrat en un calaix, i quan la coneix encara la troba més lletja. Però la princesa és intel·ligent, culta, parla sis llengües, l'apassiona la música i domina les arts amatòries. Ferran VI viurà per ella, i embogirà quan ella mori.

Biografia de Ferran IV

✔ **Vida.** Va néixer al palau del Buen Retiro, el 23 de setembre del 1713, i va morir al castell de Villaviciosa de Odón, el 10 d'agost del 1759.

✔ **El matrimoni.** Es va casar el 20 de gener del 1729 amb Bàrbara de Bragança. Bàrbara havia nascut a Lisboa el 4 de desembre del 1711 i va morir a Aranjuez el 27 d'agost del 1758. Era filla de Joan V, rei de Portugal, i de Maria Anna d'Àustria.

El regnat de Ferran IV (1746-59)

✔ **El Prudent.** Durant el seu regnat, es va aconseguir una política internacional de neutralitat i pau —fins i tot durant la guerra dels Set Anys—, cosa que li va comportar l'àlies d'*El Prudent*. Els seus ministres incondicionals van ser Carvajal i Ensenada. Al 1758, va autoritzar la Companyia de Comerç de Barcelona, que va obrir el camí del comerç americà als catalans per primera vegada.

Biografia de Carles III

✔ **Vida.** Va néixer a l'alcàsser de Madrid el 20 de gener del 1716, i va morir al palau reial de Madrid el 14 de desembre del 1788.

✔ **El casament.** El 19 de juny del 1738 es va casar a Gaeta (Nàpols) amb Maria Amàlia de Saxònia. Maria Amàlia de Saxònia havia nascut a Dresden el 24 de novembre del 1724, i va morir a Madrid el 27 de setembre del 1760. Era filla de Frederic August de Saxònia (rei de Polònia) i de l'arxiduquessa Maria Josepa d'Àustria.

✔ FILLS. Van tenir 13 fills: Isabel, princesa de les Dues Sicílies (1740-1742), Josepa, princesa de les Dues Sicílies (neix i mor el 1742), Maria Isabel, princesa de les Dues Sicílies i després infanta d'Espanya (1743-49), Maria Josepa Carmela (1744-1801), Maria Lluïsa (1745-92), Felip (1747-77), Carles (1748-1819), Maria Teresa (1749-50), Ferran (1751-1825), Gabriel (1752-88), Anna Antonieta (1754-55), Antoni Pasqual (1755-1817) i Francesc Xavier (1757-71).

El regnat de Carles III (1759-88)

✔ ABSOLUTISME IL·LUSTRAT. Va ser el prototipus de monarca de l'absolutisme il·lustrat. La seva política interior va ser qualificada d'èxit, però també va tenir detractors. Va eradicar la despoblació rural amb una intervenció peculiar: sis mil immigrants d'Alemanya es van establir en pobles de nova creació de Sierra Morena. També va intervenir positivament en la indústria i en obres públiques. Va modificar certs costums, i alguns canvis no van agradar, com ara la prohibició de dur la capa llarga i el capell xamberg ja que el seu ús, juntament amb el també estès costum de dur armes, propiciaven les baralles i els crims. El malestar d'un sector del poble en contra d'aquestes prohibicions va portar al motí de Squillace (1766). També va ser criticat per l'expulsió dels jesuïtes (1767).

✔ PROHIBICIÓ DEL CATALÀ. A Catalunya, la seva actuació va ser deplorable. Al 1760 els barcelonins li van presentar un memorial de greuges en què li reclamaven la normalització del català. El 23 de juny del 1768 va decretar una reial cèdula que prohibia l'ús del català a l'administració pública i a les escoles per aconseguir "una major harmonia i enllaç recíproc" amb la resta de l'Estat.

CARLES IV

La Trinitat a la Terra

Carles IV és el paradigma de la ingenuïtat. Com a mínim en vida de la seva dona i cosina, Maria Lluïsa de Parma, a la qual sobreviurà quinze dies i que l'havia forçat a testar a favor del seu amant:

> *Instituímos y nombramos nuestro heredero universal de todo lo que pueda pertenecernos en el momento de nuestra muerte, sin ninguna excepción, a Don Manuel Godoy, Príncipe de la Paz. En consecuencia, suplicamos a nuestros muy amados hijos e hijas que se declaren satisfechos de nuestra disposición y de mantenerla y observarla, como un acto de justicia cristiana...*

Morta la reina, el rei afegeix una clàusula en el testament en què assenyala que l'ha signat a la força i el declara nul. És l'únic acte de rebel·lia documentat de Carles IV contra el que els ciutadans de l'època van batejar com la Trinitat a la Terra i que era el cercle que formaven el mateix rei, la reina i Manuel Godoy (amic del rei i l'amant més pertinaç de la reina). L'episodi del testament és del gener del 1819, quan el rei Carles IV ha complert setanta anys. Als seixanta encara no tenia pas les idees tan clares. Un dia de març de 1808 Carles IV caminava lentament per un passadís de palau i, al darrere seu, Maria Lluïsa i Godoy. La parella d'amants, mentre caminaven, anaven discutint en veu baixa fins que Godoy va ventar una sonora bufetada a la galta de la reina. Ella va fer com si res, però Carles IV es va girar de cop i va preguntar què havia estat aquella fressa. "*Nada, un libro que se le ha caído al suelo a Manuel*", li va contestar la dolça esposa. I Carles es va quedar tan tranquil. Com s'hi havia quedat deu anys abans quan, forçat pels francesos, es va veure obligat a treure Godoy del govern. I ho va fer explicant-li per carta les condicions:

> *...quedando vos con todos los honores, sueldos, emolumentos y entradas que en el día tenéis, asegurándoos que estoy sumamente satisfecho del celo, amor y acierto con que habéis desempeñado todo lo que ha corrido vuestro mando y que os estaré sumamente agradecido mientras viva y que en todas las ocasiones os daré pruebas nada equívocas de mi gratitud a vuestros singulares servicios.*

Era el mes de març del 1798 i ja eren nascuts els quatre fills de Maria Lluïsa de Parma que, segons els cronistes i la mateixa família, són de Manuel Godoy. I és que Carles IV tenia, des de ben jove, les seves pròpies concepcions sobre les relacions afectives i sexuals. N'és un clar exemple el diàleg que va mantenir amb el seu pare, Carles III, quan li triava xicota:

> *—Los príncipes tenemos la suerte de no poder ser engañados por nuestras esposas.*
>
> *—¿Por qué dices eso?*
>
> *—Porque siendo ellas también princesas, no les será fácil encontrar príncipes o reyes con quienes pecar.*
>
> *—¡Qué tonto eres, hijo mío! ¡También las princesas pueden ser putas!*

Li adjudiquen la seva cosina germana Maria Lluïsa de Parma. Ben plantada, alta, rossa, illetrada, nimfòmana, experta en manyagues i a embolicar la troca. Es casen el 4 de setembre del 1765 i Carles es mostra orgullós d'haver aconseguit una dona com aquella. No s'adona que l'haurà de compartir tota la vida i a la mateixa cambra dels prínceps. Comença amb Diego el Guitarrista, i segueixen don Eugenio Portocarrero, comte de Teba; don Agustín Lancaster i Joan Pignatelli, un jove galant que aprofita l'atracció que sent la reina cap a ell per intentar fer fora el ministre Floridablanca i col·locar al seu lloc el comte d'Aranda. Però qui els farà perdre el cap és un jove d'origen extremeny que s'allista al regiment de guàrdies de corps als disset anys.

Godoy posee tal influjo sobre la reina, que ella tiembla en su presencia.

Carles IV

También el rey está bajo la férula del favorito y no se atreve a comprar un reloj sin autorización.

La descripció de la relació és de l'ambaixador francès en una missiva al seu govern. Tot comença l'estiu del 1788 quan el príncep Carles i Maria Lluïsa van de Segòvia a La Granja. Un guàrdia cau del cavall, però amb gran destresa aconsegueix tornar a cavalcar com si no hagués passat res. Els prínceps queden bocabadats, el feliciten, el fan visitar pel metge reial i el conviden a palau. I bocabadats van continuar la resta de la seva vida. El desembre del mateix any mor Carles III. El primer decret de Carles IV és per nomenar Godoy cadet supernumerari. I a partir d'aquí, avall que fa baixada: al maig del 1789 és coronel de cavalleria, al novembre l'admeten a l'orde de Santiago; el fan mariscal de camp al febrer del 1791, gentilhome de cambra al març i després tinent general. Al juliol li posen la creu de l'orde de Carles III i se li atorga el càrrec de secretari d'estat. A l'abril del 1792 el fan duc d'Alcúdia, i capità general el 1793. Amb 25 anys Godoy és cap de govern, encara que no ho entén ningú. Escriu l'ambaixador francès:

Apenas se concibe que pueda llegar al más importante ministerio un joven sin experiencia, sin conocimiento de los países extranjeros; un hombre a quien la asiduidad para con la reina deja tan poco tiempo libre.

Però això no serà tot i Carles IV gosa fer un nomenament que fins aleshores estava limitat als hereus de la corona: el de Príncep de la Pau. El poble s'indigna. *"Ni rei chocho ni reina liviana"*, escriu algú en una pancarta que es penja en un lloc ben visible de la Puerta del Sol. És en aquest moment quan apareix el sobrenom de la Trinitat a la Terra, encara que Godoy de qui realment està enamorat és de Pepita Tudó. I amb ella farà romàntiques passejades per llocs públics que suscitaran la gelosia de la reina. Un dia Maria Lluïsa venta un cop de puny sobre la taula: *"O ella o yo"*. Però Godoy tria Pepita i la Trinitat s'amplia a un quartet, que al cap de poc es convertirà en un quintet. I és que la reina, gelosa com mai de l'amor entre Godoy i Pepita, s'empesca una rocambolesca història per separar la parella. Aconsegueix que el Príncep de la Pau es casi amb la princesa Maria Teresa, filla de Lluís de Borbó. Godoy, empès per la seva ambició, no s'hi nega. Però no deixarà de compaginar el matrimoni amb els jocs de llit amb Pepita, que al mateix temps es convertirà en amiga íntima de la reina, qui l'obsequiarà amb el títol de comtessa de Castillofiel.

De la catorzena de fills que arribarà a tenir la reina —molts dels quals van morir poc després de néixer—, els quatre darrers tenen una paternitat dubtosa. Coincideixen amb les rebolcades amb Godoy i la semblança física esvaeix qualsevol dubte. Bàsicament, és una qüestió de nassos. Els uns el tenen com Carles IV, els altres com la mare i uns altres com el tercer membre de la Trinitat a la Terra. De les quatre criatures només dues sobreviuen: Maria Isabel i Francesc de Paula. Aquest darrer és l'exemple més clar que Carles IV va col·laborar poc en el procés de producció. Lady Holland, esposa de l'ambaixador d'Anglaterra, interrogada per la impressió que li ha causat la família reial, afirma: *"Tengo muy buena impresión, salvo el indecente parecido de los infantes Francisco y María Luísa con el favorito"*. Godoy s'havia casat però tampoc

s'havia oblidat de la resta de dones. I la reina, que no pot estar-se de desfogar les seves passions amb algú que no sigui rei, troba un nou acompanyant: Mallo, de nom també Manuel. És un altre membre de la guàrdia de corps, nascut a Caracas i amb un caràcter violent i passional. No és estrany que protagonitzi davant de la cort algunes escenes de gelosia per segons quines actituds de la reina. Carles, per variar, ni cas.

L'entrada del nou Manuel coincideix amb la sortida del primer. No vol envair Portugal i els francesos exigeixen a Carles IV que faci fora el màxim dirigent del seu exèrcit. Godoy és acomiadat el març del 1798, però només viurà dos anys allunyat de Madrid ja que un canvi de govern li permet tornar als càrrecs que tenia anteriorment. Ara sí que es veu amb cor d'envair Portugal en l'anomenada guerra de les Taronges. La victòria li permet passar a ser generalíssim dels exèrcits. Ja que està de campanya, aprofita també per tornar a envair el cor de la reina.

El 17 i 18 de març del 1808 té lloc el motí d'Aranjuez. Godoy és empresonat i Carles IV, obligat a abdicar de la corona a favor del seu fill Ferran. La revolta s'estén i els monarques, amb Godoy, fugen a Baiona i reclamen ajuda a Napoleó. L'emperador juga el paper de mitjancer però el que realment fa és quedar-se la corona espanyola, que després cedirà al seu germà Josep. En vista d'aquest embolic polític, la vida privada dels protagonistes tampoc es queda enrere. La dona de Godoy, farta de les infidelitats del seu marit, decideix separar-se'n. Pepita aconseguirà viatjar fins a França, juntament amb els fills que ha tingut de Godoy. Tota la comitiva reial es trasllada a Roma, al palau Barberini. I com si es tractés d'un joc dels disbarats, comparteixen casa. Al primer pis s'instal·la Carles; al segon, Maria Lluïsa, i al tercer, Godoy amb Pepita, els fills i la sogra. Acabada la guerra de la Independència, el 1814, Ferran entra triomfal a Espanya i Carles IV no té cap altra opció que cedir la corona al seu fill. Maria Lluïsa mor el 2 de gener del 1819 en braços de Godoy ja que Carles és fora atenent qüestions polítiques. I si en vida la reina va ser polèmica, més ho serà després de morta. Pel testament que després el seu home va anul·lar i per la revelació que havia fet al seu confessor, fra Juan de Almaraz, fentli prometre que ho explicaria quan ella morís.

Ninguno de mis hijos lo es de Carlos IV y, por consiguiente, la dinastía de Borbón se ha extinguido en España.

BIOGRAFIA

✔ **VIDA.** Va néixer al palau Portici, prop de Nàpols, el 12 de novembre del 1748. Va morir al palau reial de Nàpols, el 19 de gener del 1819.

✔ **CASAMENT.** Es va casar a La Granja de San Ildefonso el 4 de setembre del 1765 amb la seva cosina Maria Lluïsa de Parma, que havia nascut a Parma el 9 de desembre del 1751, i era filla de Felip I (infant d'Espanya, duc de Parma, Plasència i Guastala) i Lluïsa Isabel de França. Va morir a Roma el 2 de gener del 1819.

✔ **FILLS.** El matrimoni va tenir catorze fills: Carles Climent (1771-74), Carlota Joaquima (1775-1830), Lluïsa (1777-82), Maria Amàlia (1779-98), Carles Domènec (1780-83), Maria Lluïsa (1782-1824), Carles Francesc i Felip Francesc —bessons— (1783-84), el futur rei Ferran VII (1784-1833), Carles Maria Isidre (1788-1855), Maria Isabel (1789-1849), Maria Teresa (1791-94), Felip (1792-94), i Francesc de Paula (1794-1865). S'especula que els últims quatre fills de Maria Lluïsa no van ser engendrats pel rei Carles IV, sinó per un dels amants de la reina: Manuel Godoy.

✔ **GOYA.** Carles IV va descobrir el geni de Goya i després de ferli pintar una sèrie de cartrons per a tapissos per a diferents estances d'El Escorial i El Prado el va nomenar primer pintor de la casa reial.

EL REGNAT (1789-1808)

✔ **REVOLUCIÓ FRANCESA.** El seu regnat va coincidir amb la Revolució Francesa. En els inicis, Espanya va tenir un paper expectant, ja que l'home de confiança del rei era el comte d'Aranda, simpatitzant dels enciclopedistes. Aranda va acabar destituït el 1792 i substituït per l'amant de la reina, Manuel Godoy. Va ser llavors que Espanya va participar en la guerra contra la Revolució Francesa. La política espanyola va acabar submisa a la francesa, i es va col·laborar amb Napoleó en la guerra contra la Gran Bretanya. Les conseqüències, com la desastrosa batalla de Trafalgar (1805), van provocar moviments contra el rei i a favor del príncep Ferran, que el 18 de març del 1808, amb el motí d'Aranjuez, va provocar l'empresonament de Godoy i l'abdicació de Carles en favor del seu fill Ferran VII.

✔ **L'INTRÚS.** El 5 de maig del 1808, però, Napoleó va convocar pare i fill i va obligar aquest a retornar el regnat a Carles IV. Després, Carles va traspassar-lo a Napoleó a canvi de compensacions econòmiques. Napoleó va acabar transferint els drets al seu germà Josep. El poble el va batejar com *el Rei Intrús*.

FERRAN VII

Despertar sexual retardat

Ferran VII era lleig, molt lleig. I la feia grossa, molt grossa. Va enterrar tres dones. No va aconseguir tenir fills fins als 46 anys, però un cop mort, la seva viuda i regent en pariria vuit més. La primera dona va haver de cridar-lo a l'ordre perquè feia nou mesos que eren casats i només entrava a l'habitació per remenar-li el costurer. De la segona esposa, se n'escapava diàriament per *passar revista* a les *nenes* de la casa de cites de Pepa la Malaguenya. Perquè la tercera esposa li deixés tenir relacions va haver de fer intervenir el Papa de Roma. El 1814, abans de ser coronat rei, i malgrat haver conspirat contra el seu pare —Carles IV—, els futurs súbdits l'anomenaven Ferran VII, *El Desitjat*. Dinou anys després, quan va morir, havia dilapidat tot el seu crèdit:

> *Murió el rey y lo enterraron. ¿De qué mal? De apoplejía. ¡Eso no, que le sacaron las tripas y el corazón! Si esa bella operación la hubieran ejecutado antes de ser coronado, más valdría a la nación.*

A *Historia de Madrid*, Sainz de Robles (és clar que era republicà) descriu les gràcies físiques del rei.

> *¡Y vaya si era feo don Fernando VII! Feo del todo y por todas partes. Carirredondo, mejillas deformes, nariz gruesa y torcida, boca hundida y barba saliente.*

Però és que la seva primera esposa (i cosina, és clar), Maria Antònia de Nàpols, no el deixava pas més galdós. En una carta que envia des d'Aranjuez a la seva família explica la primera impressió que li va causar el seu futur espòs.

> *Bajo del coche y veo al príncipe; creí desmayarme. En el retrato que enviaron parecía más feo que guapo, pero comparado con el original era un Adonis.*

Les cròniques de la cort també deixen constància d'una altra característica rellevant del físic de Ferran VII: "*La té tan i tan llarga que els metges li recomanen que per mantenir relacions sexuals utilitzi un coixinet fet a mida amb un forat al mig*". Com que de la primera nit de noces a la primera filla passen 28 anys i quatre esposes, el coixí, el forat del coixí i la llargada del penis reial seran objecte de tot tipus d'especulació i estudi mèdic per explicar el motiu de la falta de descendència.

El polèmic canonge Juan de Escoiquiz, més habituat a idolatrar les dones que no pas Déu, serà el tutor que forma el caràcter de l'infant Ferran, i que el converteix en un home incapaç de tenir sentiments generosos i que no aprendrà mai a estimar. Així es constata en les relacions personals i en el seu regnat, recordat per la tirania i la mala gestió. És Escoiquiz qui inculca en el futur rei un odi malaltís cap als seus pares i cap a l'assessor Godoy.

Ferran es casa amb 17 anys. Verge i sense cap coneixement sobre les dones —i això que Escoiquiz li'n podria haver ensenyat un munt—, pren per esposa la seva cosina Maria Antònia, filla de Ferran VII de Nàpols i de l'arxiduquessa Maria Carolina de Lorena. La noia és atractiva, figura ufanosa, tal com marquen les directrius estètiques de l'època. Ella sí que ha estat sotmesa a un ampli aprenentatge de la matèria sexual, val a dir que només teòric, i es mostra desitjosa de portar-lo a la pràctica. Però la nit de noces descobreix que el seu marit és un totxo.

Ferran queda fascinat amb la visió dels pits de Maria Antònia. Els remena amunt i avall una i altra vegada. A ella el joc preliminar li encanta i s'hi posa bé. Però Ferran ho acaba aquí. Comença a resar i després es posa a dormir. Maria Antònia se'n fa creus, però l'episodi es repetirà una nit rere l'altra. Això, sumat al fet que Ferran té per costum entrar a la cambra de l'esposa per remenar-li el costurer, provoca una rumorologia sobre el seny i la virilitat del príncep. Qui ho explica més bé és la seva sogra:

> *Mi hija está desesperada. Su marido es enteramente bobo, ni siquiera un marido físico, y, por añadidura, un latoso que no hace nada y no sale de su cuarto.* [10 de novembre del 1802]
>
> *Es un tonto, que ni caza ni pesca; no se mueve del cuarto de su infeliz mujer, no se ocupa de nada, ni es siquiera animalmente su marido.* [20 de novembre del 1802]
>
> *El marido no es todavía marido, y no parece tener deseo ni capacidad de serlo, lo cual me inquieta mucho.* [12 d'abril del 1803]

> *Mi hija es completamente desgraciada. Un marido tonto, ocioso, mentiroso, envilecido, solapado y ni siquiera hombre físicamente.* [3 de maig del 1803]

Carles IV, fart dels rumors que corren dins i fora de palau, li fa un curset intensiu. El jove n'aprèn ràpidament i consuma el matrimoni nou mesos després de l'enllaç. Però de cop s'aficiona a l'acte sexual, i el converteix en una obsessió. Maria Antònia, que ho havia esperat amb candeletes, en quedarà ràpidament empatxada.

> *El príncipe es un infeliz que no ha sido educado; es bueno, pero no tiene instrucción, ni talento natural, ni tampoco viveza: es mi antípoda, y yo, para mayor desgracia, no le quiero.*

Malgrat això, el ritme de les relacions sexuals no decau. La fogositat de Ferran ho requereix i també és primordial aconseguir descendència, però Maria Antònia mor el 21 de maig del 1806 sense fills i sense haver portat la corona de reina.

L'entrada de les tropes napoleòniques obliga la família reial a deixar Espanya. Ferran està enfrontat amb els seus pares i els ha intentat arrabassar la corona, però el pla no funciona. Confinat a Valençay durant un llarg període de temps, torna a Madrid el 1814 i per fi aconsegueix ser proclamat rei. Un cop ben situat al tron, inicia una nova etapa reial i sexual. S'aficiona a perseguir afrancesats, lliberals i dones. Descobreix el que es cou als barris més baixos de Madrid i surt cada nit del palau d'Oriente, per un amagatall secret que en poc temps serà conegut per tothom com l'Escala Fernandina. La majoria d'ocasions la ruta finalitza a la casa de Pepa la Malagueña, on Ferran es converteix en el

predilecte de la mestressa, i de tothom és sabut que n'és client habitual. Però Ferran no es marca límits i allà on va sap com trobar companyia femenina. A Sacedón, on viatja sovint per intentar que les aigües medicinals de la zona li alleugereixin el mal de gota que arrossega, dorm amb una jove autòctona, que acabarà portant a Madrid, on li lloga un pis. A palau es posen les mans al cap i intenten redreçar la vida personal del rei o, com a mínim, dissimular-la. I li comencen a buscar una esposa. Ferran acaba escollint una princesa de Portugal, Isabel de Bragança. Té 19 anys, deu menys que el rei, però és tan lletja com ell. La cobla no enganya. *"Fea, pobre y portuguesa. ¡Chúpate ésa!"*. El regnat d'Isabel de Bragança és el període de més activitat sexual de Ferran. Però la té amb les *nenes* de Pepa la Malagueña i amb la noia de Sacedón. L'esposa està reclosa a la seva cambra gairebé les 24 hores del dia, sense fer vida social i esperant el miracle de quedar embarassada. Les trobades matrimonials, que són ben escasses, només tenen aquesta finalitat. El fogós Ferran al·lega la necessitat d'atendre afers d'estat que, curiosament, sempre es produeixen a altes hores de la nit. De les comptades nits de sexe en neix una filla, que morirà pocs mesos després. Tot i estar de dol, Ferran continua amb les seves sortides nocturnes. Isabel investiga els afers d'estat, descobreix que són *de llit* i planeja un darrer intent per atreure el seu marit. Les serventes, amb poc convenciment, li asseguren que l'única diferència que hi ha entre la reina i les amants de Ferran es basa en la vestimenta. I Isabel té la genial idea de col·locar-se un vestit llampant i amb farbalans com els que llueixen les ballarines dels *tablaos* flamencs. Es planta al capdamunt de l'Escala Fernandina tot esperant el seu marit, que es presenta quan ja comença a sortir el sol. La dona comença a moure's intentant simular que és una ballarina de flamenc i la coreografia li surt realment patètica. Ho havia fet ben convençuda que enlluernaria Ferran, però el rei i la camarilla que el segueix esclaten en sonores rialles. Dolguda i humiliada, Isabel torna a la seva cambra. Aquesta còmica escena no fa variar la situació matrimonial. Continuen les relacions sexuals esporàdiques i la reina es torna a quedar embarassada. Quan Ferran creu que té la successió assegurada, augmenten els *afers d'estat* nocturns amb Pepa la Malagueña i la noia de Sacedón. Tot fa un gir sobtat amb la mort inesperada de la reina a causa d'una cesària per treure-li la filla, morta. És l'any 1818. Ferran es queda vidu per segon cop, amb 34 anys i sense haver tingut descendència.

Biografia

Vida. Va néixer a San Lorenzo d'El Escorial el 14 d'octubre del 1784. Va morir a Madrid el 1833.

Els matrimonis. Es va casar el 6 d'octubre del 1802 amb Maria Antònia de Nàpols (1784-1806), filla del rei Ferran IV de Nàpols i Maria Carolina d'Àustria. Quatre mesos després d'enviudar, el 19 de setembre del 1816 es va casar amb Maria Isabel de Bragança (1797-1818), filla del rei Joan VI de Portugal i la infanta Carlota Joaquima d'Espanya. Era, per tant, neboda de Ferran VII. Va tenir dues filles, però la primera va morir al cap de quatre mesos i la segona en el part, que també va causar la mort de la reina. El 20 d'octubre del 1819 es va tornar a casar, ara amb Maria Josepa Amàlia de Saxònia (1803-29), filla del príncep Maximilià de Saxònia i la princesa Carolina de Parma. No van tenir fills. Ferran VII es va casar en quartes núpcies l'11 de desembre del 1829 amb Cristina de Borbó de Dues Sicílies (1806-78), també neboda seva, ja que era filla de Francesc I (rei de Dues Sicílies) i la infanta Maria Isabel d'Espanya (filla de Carles IV). Van tenir dos fills, Isabel II (1830-1904) i Maria Lluïsa Ferranda (1832-97).

Casament secret. Cristina de Borbó, quan es va quedar vídua, es va casar en secret, el 18 de desembre del 1833, amb Agustín Fernando Muñoz Sánchez, duc de Riánseres i marquès de San Agustín. Amb aquest, va tenir vuit fills.

El regnat (1808 i 1814-33)

Abdicació forçada. Va ser proclamat rei per abdicació forçada del seu pare a Aranjuez, el 19 de març del 1808. Però el 6 de maig del mateix any, en una reunió a Baiona convocada per Napoleó, va reconèixer el seu pare com a rei. Quatre dies després, Carles IV va cedir la corona a Napoleó. *El Rei Intrús* va regnar fins al 1814, quan Ferran VII va entrar victoriós a Espanya, després de la guerra de la Independència.

La Constitució. La primera constitució va ser promulgada a Cadis el 1812, en plena ocupació francesa, però Ferran VII va invalidar-la al cap de dos anys. Els liberals van protagonitzar sublevacions fins que van aconseguir tornar-la a imposar, el 1820, i es va iniciar, així, el Trienni Constitucional. Aquest període liberal va acabar amb la intervenció estrangera, quan el 1823 van entrar al país més de cent mil homes de l'exèrcit francès, que van tornar a Ferran VII el govern absolut. El 1830, quan la reina Maria Cristina estava embarassada d'Isabel II, es va publicar la Pragmàtica Sanció que derogava la llei sàlica.

FERRAN VII

Maria Cristina i els Muñoz

La maduresa de Ferran VII és ben diferent de la seva joventut. Aquell noiet ingenu que desesperava la primera dona al llit, ha quedat vidu per segona vegada i frueix com ningú del sexe, el domina i s'hi esplaia. Viu obsessionat, però, per la qüestió successòria i inicia una cursa contra rellotge per cercar una esposa que, a banda de ferlo gaudir al llit, li doni un fill. Convençut que el temps corre en contra seva, accepta la primera proposta que li fan: Maria Josepa Amàlia de Saxònia. Té només quinze anys, és la seva cosina segona i també neboda de segon grau. Un altre dels múltiples matrimonis consanguinis, repetits històricament en la dinastia espanyola, malgrat els problemes genètics que això suposa per a la descendència. I és que el que preval a l'hora de la tria és la fertilitat familiar de la núvia.

Ferran ha viscut molta vida. Sobretot de nit. I als barris baixos. L'experiència d'aquest home de 34 anys es visualitza en un rostre demacrat, amb faccions deformades i en un cos escardalenc. Si Ferran és la nit, Maria Josepa és el dia. Educada per unes monges, el seu aprenentatge no va incloure cap referència a les relacions matrimonials. Vegeu si era esperpèntica la situació que la noia estava convençuda que els fills arribaven via directa a través d'unes cigonyes. Per Ferran això no suposava cap entrebanc i estava disposat a exercir de mestre, però no comptava que l'alumna no tingués cap intenció d'ampliar els coneixements. El rei estava fascinat per l'atractiu de la seva futura esposa i es mostrava impacient:

Querida esposa mía, Pepita de mi corazón, he recibido tu carta [...] y me alegro infinito que estés tan buena; yo también lo estoy ansiado por el momento de verte, abrazarte, ya me parece muy largo.

Els nuvis es casen el 20 d'octubre del 1819 i és aquell mateix dia que la impaciència s'acaba convertint en decepció. Després del gran convit, la nit de noces s'estroncarà dràsticament. Ferran, coneixedor de la inexperiència de la seva esposa, es disposa a introduir-la en el món del sexe de manera gradual. S'oblida dels excessos als barris baixos i concentra tots els seus esforços a fer-la sentir de gust.

Però Maria Josepa talla en sec les abraçades tendres i els petons dolços. I ho fa de manera radical. Rebutjant-lo a crits. Dient-li que no està disposada a cometre el més gran dels pecats. Li ho deixa ben clar: de sexe, res de res. Ferran no se'n sap avenir. Intenta explicar-li que la història de les cigonyes no és real, que cal fer "allò" per

tenir fills. Utilitza tota mena de recursos, com ara la cita bíblica "creixeu i multipliqueu-vos", i apel·la a la fe catòlica de la seva esposa. Res de res. La insistència de Ferran acaba aconseguint l'efecte contrari del que pretenia. Espanta encara més Maria Josepa, que s'orina al llit. Les coses han canviat. A la primera nit de noces Ferran s'hi havia girat. A la tercera acaba sortint de la cambra reial emprenyat, cridant, en pilotes.

Malgrat l'escena, el rei intenta redreçar la situació les dues nits següents. La història es repeteix encara que Maria Josepa s'aguanta l'orina. Ferran està desesperat. Busca ajut en monjos i sacerdots, mentre es desfoga fora de palau a casa de Pepa la Malagueña i al pis que ha posat a la noia de Sacedón. Però Ferran no es resisteix a l'atracció de desvirgar la seva dona i la situació arriba a ser extrema fins al punt que cal la intervenció del Papa de Roma. El rei li demana l'anul·lació del matrimoni si no convenç Maria Josepa que les seves intencions són les legítimes i naturals d'un bon espòs. La reina, que de catòlica n'és un tros, accedeix a la petició del Papa i acaba fent "allò". Però s'estima més gaudir de la vida espiritual que no pas de la sexual. I per això cada vegada que el marit ho intenta, prova de canviar-li l'intent: *"Fernandito, ¿quieres que recemos un rosario?"*. El mètode, que utilitza un dia sí i l'altre també, li resulta efectiu. Ferran —que se sent catòlic i necessita descendència— no pot rebutjar tal petició. La vida sexual de la parella es converteix en una sèrie ininterrompuda de rosaris. I així passen les nits a palau per a Ferran VII. Aquell rei que a base d'esforç s'havia guanyat el sobrenom de l'Hèrcules del sexe als barris baixos ha de contemporitzar amb una esposa que quan no resa compon versos dolços i cursis, que porten títols com aquest:

> *Oda con motivo de hallarnos mi esposo y yo solos la víspera de la Inmaculada Concepción, él rezando el oficio de día y yo el parvo de la Virgen.*

Si el rei no es rendeix és per la necessitat imperiosa de tenir un successor al tron. La parella recorre a les prodigioses aigües dels balnearis de Sacedón i Solán de Cabras amb la intenció que aquestes efectuïn el miracle que no s'aconsegueix amb els inusuals contactes carnals. Però passen els anys i les criatures no arriben. Els metges no ho acaben d'entendre i comencen a pensar que potser és el rei el que no té prou capacitat per deixar embarassada la dona. És quan s'especula que la causa podria ser la gran mida del penis del

monarca. La incògnita no s'aclarirà fins al cap d'uns anys, força després de la mort de Maria Josepa, el 1829, quan només tenia 25 anys. Ferran queda vidu per tercer cop, té 45 anys i continua sense tenir cap hereu al tron. Les gestions per trobar-li una nova esposa no es fan esperar i li insinuen que es casi amb una altra princesa alemanya, però el rei respon amb contundència: "*¡No más rosarios ni versitos, coño!*". Finalment Ferran es deixa persuadir per la publicitat que fa la seva cunyada Lluïsa Carlota de Borbó de les virtuts de la seva germana, la jove Maria Cristina, de 23 anys. Com era tradició, Ferran no coneix la seva neboda sinó a través d'un retrat que el deixa bocabadat. Comencen els preparatius del casori i quan a Ferran li presenten la seva futura esposa, es mostra convençut que la tria ha estat la correcta. Maria Cristina és una noia alta, esvelta, amb uns ulls preciosos i un cos massís, que mostra les exuberàncies tan valorades a l'època. La imatge d'aquell tros de dona acaba de convèncer Ferran a deixar les cases de cites. I per una vegada que el rei decideix redreçar la seva vida i ser un home fidel no s'adona que la seva *pimpollo*, tal com ell anomena Maria Cristina, d'innocent no en té res. I és que ja ha protagonitzat alguna història pujada de to amb un oficial, amb la qual va guanyar-se l'amonestació de l'arquebisbe de Nàpols i el càstig de beure diàriament llet de burra, que, segons els especialistes de l'època, elimina els fogots i els sentiments impurs. L'enllaç se celebra l'11 de desembre del 1829. Tal com havia fet en les anteriors nits de noces, Ferran, després de la festa, s'emporta la dona directament al llit. Aquesta vegada queda sorprès perquè la reina en aquest cas no és una mossa puritana ni tampoc inexperta. Maria Cristina no està de romanços i s'apunta a tots els jocs sexuals que li proposa el seu marit. Ell va forçant la màquina i la nit acaba amb certa violència sexual. Sembla mentida, però per primera vegada el rei està satisfet amb les seves relacions matrimonials i no li fa falta anar a cap llit que no sigui el reial. Ferran va arribar a dir en més d'una ocasió: "*Si te hubiera conocido antes...*" La felicitat és encara més gran el 10 d'octubre del 1830 amb el naixement d'Isabel. Ferran ha aconseguit l'anhelada successió al tron que tant s'ha fet esperar. I en l'apartat personal té l'oportunitat de riure's de tots aquells metges que havien dubtat de la seva virilitat i que tant s'havien escandalitzat per les mesures del seu penis. Un any després neix la seva segona filla, Lluïsa Ferranda. I el fogós Borbó mor el 29 de setembre del 1833. Maria Cristina, la dona que el va fer més feliç en vida, especialment al llit, ocuparà la regència de la corona fins que la seva filla Isabel sigui major d'edat.

Els Muñoz

El dol de Maria Cristina només dura un parell de setmanes. La llet de burra no deu tenir les virtuts que se li atribuïen a l'època i s'enamora del capità Agustín Fernando Muñoz. El cor de Maria Cristina està immers en un mar de dubtes per la responsabilitat que té com a reina regent i la incompatibilitat d'aquest càrrec amb un nou matrimoni. Però pot més el que més pot. L'idil·li va començar a la finca de Quitapesares, a La Granja, i el cert és que en aquell lloc la parella es va treure de sobre més d'un "pesar". El 28 de desembre del 1833 es casen en secret al palau d'Oriente i el capità Muñoz és nomenat gentilhome de palau. Però els afers personals de la dinastia espanyola poques vegades s'han pogut dissimular. L'idil·li es difon ràpidament per Madrid i els seus habitants bategen el capità Muñoz amb el nom de Ferran VIII. Els rumors passaran a fer-se evidència les múltiples vegades que la panxa de la reina creix. I és que la parella tindrà vuit fills, que són educats en secret a París. Maria Cristina ha d'aguantar que els membres de la cort creguin que té un amant i manté les aparences. En una ocasió es veu obligada a vestir-se ràpidament, cinc hores després de parir, per llegir el discurs d'obertura de les Corts, durant el qual va tenir un lleuger desmai. Els diputats comenten: *"Nuestra reina es una dama casada en secreto y embarazada en público"*. I no triguen a circular per la ciutat de Madrid versos anònims:

Clamaban los liberales que la reina no paría
y ha parido más Muñoces que liberales había.

Durant el període en què Maria Cristina és reina regent, el país viu immers en una gran crisi interna. El 12 d'octubre del 1840 renuncia a la regència, que deixa en mans del general Espartero. Es trasllada a França amb el seu Muñoz i els seus fills, menys les infantes Isabel i Lluïsa Ferranda, que es queden a Madrid. El retorn es fa esperar quatre anys coincidint amb la proclamació de la reina Isabel II. És llavors quan Maria Cristina i la seva família tornen a la cort espanyola i el matrimoni amb Muñoz deixa de ser clandestí onze anys després de consumar-se.

Isabel II

"La corte de los milagros"

Isabel II va ser una dona precoç. En tot. Òrfena de pare als 3 anys, als 10 era allunyada de la mare, als 13 era proclamada reina i perdia la virginitat, passava per la vicaria als 16, i als 38 ja era derrocada. Un ritme esgotador. Col·leccionista insaciable d'amants, golafre, apassionada per la vida bohèmia i monarca poc compromesa —per no dir gens— amb les obligacions del càrrec, la filla de Ferran VII també es va caracteritzar pel seu caràcter rude, en certa manera tosc, arrodonit per un bagatge cultural ínfim. A més, les seves contínues i reiterades aventures amoroses i infidelitats van transcendir, tot sovint, el caràcter estrictament íntim de la reialesa i van ser un element nuclear que va condicionar la política espanyola del moment. Per dir-ho ras i curt, els amants de la reina van ser qüestió d'Estat.

En certa mesura, Isabel II es va veure atrapada prematurament en les intrigues de camarilles del poder. I és que amb només tres anys d'edat va ser proclamada reina arran de la mort, el 29 de setembre del 1833, del seu pare, Ferran VII. Com que no podia exercir el càrrec, diversos personatges com la seva mare, Maria Cristina —que poc després s'exiliarà a França—, o el general Espartero, es van encarregar de dur les regnes de la monarquia en qualitat de regents. Alhora, però, també tutelaven l'educació d'Isabel II triant els seus instructors, que no feien altra cosa que accentuar els vicis de nena malcriada de la sobirana. Així, és obligada a dormir dotze hores diàries o falta reiteradament a classe per assistir a actes públics amb l'única finalitat de fomentar la seva popularitat entre el poble. Un munt de circumstàncies que van ajudar a modelar un caràcter esquerp, altiu, amb el qual Isabel II es va guanyar la merescuda fama de maleducada. Com a exemple, val la frase que li va etzibar a la seva mare en una discussió: "*Tú no eres nada más que la mujer del rey. Yo tengo número en la historia*". Tota una joia, la criatura.

En l'aspecte estrictament acadèmic, el procés formatiu de Sa Majestat va vorejar el fracàs. Per dir-ho amb tacte. Fora de la geografia, no li agradava cap assignatura. La seva escriptura era desastrosa, en matemàtiques no passava de les restes i tenia problemes,

seriosos, amb la lectura ja que s'entrebancava sovint i no donava sentit a les frases.

En altres aspectes, però, no va perdre el temps. Va aprofitar, i de quina manera, els dots dels seus mestres per endinsar-se en *matèries* menys academicistes i instituir-los en els seus primers amants. Així, i amb només 12 anys, Isabel II ja experimenta les carícies i els petons amb un dels seus professors, José Vicente Ventosa, de 53 anys!! Però el 12 de juliol del 1842, tan bon punt es coneixen els seus peculiars mètodes lectius, és acomiadat. Li va prendre el relleu Francisco Frontela Laserra, més conegut per Valldemossa, un reconegut professor de cant que també va viure una aventura amb la reina que, per aquelles dates, ja mostrava una gran apetència per la música. És l'època en què comencen a sovintejar les seves escapades per anar a ballar en festes o revetlles de barri. Quan tornava a palau, ja de matinada, l'esperava Valldemossa, amb qui mantenia encontres ardents. El fet que l'amant, fent gala d'una infantil imprudència, es vantés davant d'altres membres de la cort dels tocaments infanticides que infligia a la monarca, li va suposar que també l'acabessin despatxant.

Un altre tutor que va acabar embolicant-se amb Sa Majestat fou Salustiano de Olózaga, un brillant polític i orador 25 anys més gran que ella. Aquest, però, no va ser un *querido* més. Va ser qui va fer perdre la virginitat a Isabel II, quan aquesta tot just tenia 13 anys. El primer contacte entre tots dos va tenir lloc un dia que la reina

furgava pels mobles de la cambra reial i va trobar el Toisó d'Or que havia utilitzat Josep Bonaparte durant el seu volàtil regnat. L'encara nena, presa per la fogositat, va insistir a penjar-lo al pit d'Olózaga. Aquest flirteig aparentment innocent va acabar amb una abraçada apassionada, que va desencadenar la història amorosa. Tots dos van protagonitzar un episodi, anecdòtic i puntual, que il·lustra fins a quin punt el llit reial va ser, en moments decisius, un epicentre clau de la política espanyola del segle XIX. Una setmana després que Isabel II fos nomenada reina, als 13 anys, Olózaga estava al capdavant del govern i volia, al preu que fos, dissoldre les Corts. Li feia falta, però, la signatura d'Isabel II, que hi va accedir gustosa a canvi d'una rebregada. Un cop refredat el jaç, però, la reina es va oblidar de la seva promesa i va destituir Olózaga. Per si no fos prou, el va desterrar a Portugal. Una decisió expeditiva que va aguditzar la convulsió política, gairebé permanent, que

va caracteritzar tot el regnat d'Isabell II.

A punt de fer 16 anys, la reina és una dona d'ulls blau intens i una boca gran i ben dibuixada. El que més destaca, però, és el seu pit gran, que es fa prominent a causa de la seva curta alçada. Li ha arribat l'hora de contraure matrimoni.

El país aleshores vivia una inquietant crisi política, amb constants conspiracions per canviar el govern, que va quedar però en un segon pla per la necessitat peremptòria de trobar un pretendent a Isabel II. Un dels primers noms que van sortir a escena va ser el de Carles Lluís de Borbó, comte de Montemolín.

Tot i ser un gran candidat, apadrinat per la mare, la proposta no va reeixir i, de retruc, va acabar generant la segona guerra carlina, coneguda com la dels *matiners*. Leopold de Saxònia-Coburgi Francesc de Paula de Borbó i Sicília (comte de Trapani) van ser alguns dels altres pretendents escollits. Precisament aquest últim va suscitar una convulsa disputa entre la reina mare Maria Cristina i Narváez, aleshores cap de govern, que va acabar amb una sonada crisi a l'executiu. L'enèsima. Però finalment qui va guanyar el capítol va ser un aspirant amb qui ningú no comptava. Parlem de Francesc d'Assís, fill de Lluïsa Carlota, germana de la reina mare. Es tracta d'un jovenet de 25 anys, de mitjana alçada, més aviat prim, que no destaca pel seu físic tot i no ser lleig. És culte i refinat, de veu atiplada, obert a l'art, la política i les finances. El detall clau, però, és que ja de ben petit manifesta una exagerada inclinació cap a tot allò femení, especialment la roba íntima —que no dubta a posar-se— i els perfums. Tot un rei consort, amb calça llarga i randes. El caràcter descaradament efeminat de *Paquita*, com se'l coneix, és objecte de burla per part de les veus populars, que li dediquen tota classe de versos i cançons satíriques, en els quals també s'ironitza d'un defecte genètic que l'obliga a orinar a la gatzoneta:

Paquito Natillas
es de pastaflora
y orina en cuclillas
como una señora.

Malgrat fer gala d'una inclinació descaradament homosexual, a Francesc d'Assís també se li van arribar a conèixer amants femenines com ara Conchita Navarro, comtessa d'El Azor.

La reina mare i la mateixa Isabel, que dubta obertament que la feminitat del seu cosí pugui aplacar les seves ànsies sexuals, s'oposen frontalment al casament. I és que, de fet, tots dos pretendents tenen personalitats i aficions antagòniques. Isabel escenifica la rauxa, el dispendi i la voracitat sexual. Francesc, per contra, és, a banda d'exageradament amanerat, més reposat, li agrada llegir i fer llargs passejos pels jardins de palau. També és una persona molt més ben formada intel·lectualment que la que serà la seva muller, tot i que comet faltes ortogràfiques tan garrafals com confondre la *b* amb la *v* o la *g* amb la *j*. Però no hi ha més cera que la que crema. Un cop esgotades totes les altres opcions, Maria Cristina i la seva camarilla han d'acceptar, molt a desgrat, la candidatura de Francesc d'Assís, que té el suport polític de potències com França i Anglaterra. En l'operació per acabar de convèncer Isabel II hi va jugar un paper clau, cabdal, María Dolores Quiroga, també coneguda com sor Patrocinio o la monja de les nafres. I Isabel II acaba cedint. A contracor, però ho fa. El casament se celebra el 10 d'octubre del 1846. El mateix dia que la reina fa 16 anys. Una de les cançons populars que es dediquen a l'enllaç, és prou explícita de la visió burleta que en tenia la societat: *"Isabelona tan frescachona y don Paquito tan mariquito"*. De detalls íntims de la nit de noces, no n'hi ha. Però sí una anècdota. Expliquen que el servei que havia de preparar l'habitació de la parella a la residència oficial de la Granja, lloc d'estiueig de la família reial, va tenir un accident en caure daltabaix d'un penya-segat on van quedar atrapats durant 17 hores. En vista d'aquest contratemps, va haver de ser el matrimoni reial qui es fes el llit nupcial, utilitzant la roba d'unes cortines. Uns quants dies més tard l'ambaixador espanyol a París, Fernando León y Castillo, no es talla i pregunta a la reina sobre com havia anat la nit de noces. La contesta que li deixa anar, no té preu:

> *¿Qué te diré de un hombre que la noche de bodas vi que llevaba más encajes que yo?*

Biografia

✔ **Vida.** Va néixer al palau reial de Madrid el 10 d'octubre del 1830 i va morir a París el 9 d'abril del 1904.

✔ **Matrimoni.** El 10 d'octubre del 1846 es va casar amb el seu cosí Francesc d'Assís de Borbó (1822-1902), fill del seu oncle Francesc de Paula (germà del seu pare, Ferran VII) i la princesa Lluïsa Carlota de les Dues Sicílies. El matrimoni va tenir onze fills, alguns dels quals són atribuïts a amants: Ferran, que va morir en néixer (1850), Maria Isabel Francesca (1851-1931), Maria Cristina (1854; mort el mateix any), dos fills més que van morir en néixer (1855 i 1856), el futur Alfons XII (1857-85), Maria de la Concepció (1859-61), Maria del Pilar (1861-79), Maria de la Pau (1862-1946), Maria Eulàlia (1864-1958) i Francesc d'Assís Leopold (nascut i mort el 1866).

✔ **Separació.** Francesc d'Assís i Isabel II es van separar de fet poc després del seu exili, el 1868, i de dret per sentència dels tribunals francesos, el 8 d'abril del 1870.

El regnat (1833-68)

✔ **El carlisme.** Un cop derogada la llei sàlica, Isabel va ser reconeguda com a hereva al tron el 1833. En morir Ferran VII, hi va haver un plet successori entre els partidaris del seu germà, l'infant d'Espanya Carles Maria Isidre, i els d'Isabel, que originà la primera guerra carlina. Mentrestant, la regència la va assumir la reina Maria Cristina ja que Isabel tenia 3 anys. Posteriorment, el 1840, la regència la va assumir el general Espartero, fins que el 10 de novembre del 1843 les Corts van declarar la majoria d'edat d'Isabel quan tenia 13 anys.

✔ **Nova guerra.** El 1845, l'autoproclamat Carles V va abdicar les seves pretensions en el seu fill Carles Lluís i es va propugnar el matrimoni entre aquest i la reina com a solució al carlisme. En frustrar-se el projecte, hi va haver la segona guerra carlina (1846-49).

✔ **Els polítics.** Durant el regnat d'Isabel II nombrosos polítics es disputen la presidència, sobretot Ramón Narváez i Leopoldo O'Donnell. N'hi haurà molts més: Salustiano Olózaga, González Bravo, el marquès de Miraflores, el duc de Salamanca-Bedmar, Bravo Murillo...

✔ **Contra el català.** Va prohibir el teatre en català i va ordenar substituir els noms públics en català per la traducció al castellà.

✔ **República.** A conseqüència de la revolució del setembre del 1868, coneguda com La Gloriosa, Isabel II va abandonar Espanya. Es nomenarà rei Amadeu de Savoia, i es proclamarà la República, fins que el general Martínez Campos dirigirà un pronunciament militar amb el qual retornarà la corona als Borbons.

Isabel II

Paternitats dubtoses

El matrimoni amb Francesc d'Assís va accentuar el caràcter promiscu, desinhibit i desenfrenat d'Isabel II. Les festes i disbauxes nocturnes van passar a ocupar un lloc preferent en les seves prioritats, i va deixar en un segon i tercer pla les qüestions d'Estat i la seva vida en parella. Per aquest ordre. D'aquesta manera, la sobirana freqüentava xefles, recepcions, tertúlies, representacions teatrals i, sobretot, sopars al restaurant Lhardy, que fins i tot va acabar adquirint. Vivia de matinada. Amb aquests precedents el distanciament amb Francesc d'Assís es va fer patent quan només havien passat uns mesos, pocs, del casament. El rei consort no participava en cap dels fastos de la seva esposa, i tots dos dormien en dependències separades. Francesc, a El Prado o a Riofrío, i la reina, al palau reial de Madrid. Un escenari ideal per a Isabel II, que així tenia més facilitats per celebrar els encontres, ja gens furtius, amb la seva cort d'amants, que es continuava engrossint de manera sostinguda i progressiva.

No en va, l'agost del 1847 ja era de domini públic l'idil·li que mantenia amb el general Francisco Serrano, a qui anomenava afectuosament el *general bonito*. Tot Madrid anava ple de la història, i Francesc d'Assís va rebre múltiples pressions per escenificar un gest d'acostament cap a la seva esposa que servís per tallar els rumors que donaven el matrimoni per mort. Uns comentaris que neguitejaven, i de quina manera, les elits polítiques i econòmiques del regne. Així, el 13 d'octubre del 1847, un any després de l'enllaç i amb Isabel II amb 17 anys acabats de complir, el rei consort es va tornar a instal·lar a palau després de pactar un onerós desterrament de l'amant reial. La classe política espanyola respirava...

Tot i que de portes enfora la monarquia intentava vendre la imatge d'una unió consolidada, estable, de portes endins la història era una altra. Gràcies a la complicitat de la cambrera Amparo Azagra, que es va guanyar l'apel·latiu de *la Celestina major del regne*, les nits a palau eren un anar i venir constant d'amants que transitaven per passadissos i escales secretes, per intentar esquivar la vigilància inquisidora que els espies de Francesc d'Assís aplicaven al jaç de la

Francesc d'Assís, àlies Paquito el Marieta

reina. Un dels que aleshores s'encarregaven d'escalfar-lo era José Mirall, un cantant de cos robust que va ser contractat pel marquès de Salamanca —un famós banquer de Màlaga que va jugar un paper molt important en els governs d'Isabel II— amb l'únic propòsit que Sa Majestat s'oblidés, com més aviat millor, de la passió de Serrano. La reina hi va viure un idil·li fugaç, però intens. Més esporàdica va ser la relació que va mantenir amb el coronel Gándara, ja que no va passar d'uns quants encontres nocturns. Bàsicament perquè en aquelles dates havia de competir amb un altre amant, Emilio Arrieta, a qui la reina va nomenar compositor del seu teatre particular per tenirlo sempre a mà. Però la cosa no s'acaba aquí. I és que al mateix temps, la monarca tenia prou temps per mantenir una altra història amb un poeta, Temístocles Solera, que més tard també va ser recompensat amb la direcció del teatre de palau.

Un dels altres amants de l'època va ser Manuel Lorenzo de Acuña, marquès de Bedmar, a qui la reina coneix en les seves concorregudes disbauxes al restaurant Lhardy. Té 30 anys, 11 més que Isabel. Durant un temps tots dos només es poden comunicar per carta ja que Francesc d'Assís, assabentat de la relació, va manar ferla trencar. En aquestes missives la reina deixa clar que, per ella, no hi ha diferències entre afers de llit i d'estat:

> *Si quieres que firme el cese del Gobierno, pasa la mano por la barandilla de tu palco.*

Aquestes infidelitats permanents van alimentar la visió despectiva del poble envers el rei, a qui tractaven de banyut en poemes anònims de to i contingut sagnants:

Vuestra noble faz empaña el nublo del deshonor,
desfaced presto esta niebla, cortaos los cuernos, señor,
que el mundo entero os señala, la Europa os llama cabrón
y cabrón repite el eco en todo pueblo español.

Com ja havia succeït en anteriors ocasions, la història amb el marquès de Bedmar va incomodar el govern, que va fer mans i mànigues per intentar liquidar-la. Però Isabel no va trigar gaire temps a trobar nou acompanyant. Més aviat gens. L'escollit fou José María Ruiz de Arana, conegut com *El Pollo Arana*, un dels pocs homes que estimarà de veritat i amb qui es veurà de manera més o menys periòdica durant 5 anys. Durant tot aquest temps, s'explica que

Arana va haver de prendre begudes i menjars estimulants per no fer figa davant la fogositat insaciable de la reina.

El 14 de febrer de 1850 es confirma que Sa Majestat està prenyada de cinc mesos. A àmbit popular s'obren tota classe d'especulacions sobre la paternitat de la criatura —*"La reina va a dar a luz y no es de ningún; que si hubo, ahora las cosas dicen que no son assís"*—, la majoria de les quals apunten cap al marquès de Bedmar. La realitat, però, fa pressuposar que la criatura fou certament de Francesc d'Assís, que va tenir una fervent explosió de dolor i ràbia quan Ferran, el menut, va morir el mateix dia del seu naixement, el 12 de juliol del 1850.

Pocs mesos després, es va fer públic un nou embaràs d'Isabel II. Com no podia ser d'una altra manera, es van repetir les sospites que el rei consort no n'era el pare. En aquest cas, els indicis inculpatoris assenyalaven *El Pollo Arana*. El 20 de desembre del 1851 va néixer la infanta Isabel, que va ser batejada amb el sobrenom de *La Chata*. Hi havia, però, qui amb més mala fe l'anomenava *La Araneja*. Francesc d'Assís va viure aquests episodis i la cascada de rumors que els acompanyaven aïllat en el seu món. No en va el matrimoni amb Isabel estava trencat *de facto* desde feia molt de temps. De fet, des del primer dia.

La reina, mentrestant, anava a pinyó fix i continuava posant-li banyes amb Arana i, fins i tot, va flirtejar obertament amb el seu ministre de la guerra de l'època, O'Donnell. Amb la reina permanentment dedicada a alleugerir la seva libido, la situació política a l'Estat estava totalment embolicada, amb constants lluites intestines en les esferes de poder per assolir el govern. Però Isabel II també vivia un moment personal difícil. En un any i mig va veure com moria la seva filla Cristina només tres dies després de néixer (8 de gener del 1854), i tenia dos avortaments. El consol el va trobar en forma d'un nou amor, Enrique Puigmoltó, un oficial de 29 anys alt i ben plantat que el març del

1857 va ingressar al Regiment d'Enginyers de la guarnició de Madrid. Per recomanació reial, és clar. Sa majestat, aleshores, tenia 26 anys. La relació va estar impregnada de l'efervescència característica que la monarca hi solia aplicar i, com en moltes altres, va ser impossible d'amagar. Popularment, Puigmoltó va ser batejat com *El Pollo Real*. El març de 1857 transcendeix que la reina espera un altre fill. Per variar, l'aventura amb Puigmoltó no agradava als polítics de torn i al confessor de la reina, l'antic arquebisbe de Santiago de Cuba Antoni Maria Claret. I més després que es comencin a produir escàndols sonats com la mort, el 26 d'abril del 1857, del marquès de Los Arenales i el ministre de la guerra Urbitzondo en una trifulga a palau mentre Isabel II i el seu *pollo* estan en plena feina a la cambra privada de Sa Majestat. L'incident, segons expliquen, es va produir quan Urbitzondo i Francesc d'Assís van intentar entrar a l'habitació, i Arenales, juntament amb Narváez, els ho van impedir. Per no fer córrer rius de tinta, les dues morts es van associar oficialment a una epidèmia.

Per aquelles dates, a més, la reina es va entossudir que el Papa apadrinés el seu futur fill. Una petició que la cúpula eclesiàstica, encapçalada per monsenyor Simeoni, desaprova argumentant la vida libidinosa de la demandant. Així, en un informe que va trametre a Sa Santedat, el mateix Simeoni va exposar el seu temor per la possibilitat que el nounat fos un nen.

> *Y quiera Dios que, dando a luz un varón, no se abran campo las dudas sobre la legitimidad del mismo y consiguientmente sobre el derecho de suplantar la hermana en la sucesión a la corona.*

Malgrat aquests suggeriments, Pius IX va acceptar l'apadrinament, fet que va causar una considerable enrabiada entre bisbes i cardenals. I és que Isabel continuava amb les seves rebolcades amb l'amant de torn. Narváez, que en aquell moment era cap de govern, també va pressionar perquè es posés fi a l'idil·li amb Puigmoltó. Fins i tot va fer un ultimàtum a la reina: o es desfà del *Pollo Real* o ell plega. Narváez ha de dimitir el 15 d'octubre.

El 28 de novembre del 1857 Isabel II pareix un nen, el príncep Alfons, a qui la societat espanyola anomenarà, amb sornegueria, *Puigmoltejo*. La imatge de la corona està per terra, i els carrers de Madrid s'omplen de caricatures grolleres que fan mofa de la relació entre la reina i l'oficial. Francesc d'Assís, mentrestant, viu retirat al palau del Pardo, on contempla, absolutament impotent, els adulteris repetits de la que encara és la seva esposa. Finalment, la pressió farà efecte i Puigmoltó serà traslladat a València, on viurà amb la seva dona i els seus fills. Però la feina ja és feta. L'historiador Juan Balansó se'n lamenta.

> *Por culpa de esta reina, a partir de Alfonso XII la Casa de los Borbones iba a convertirse, para los antidinásticos, en la estirpe espuria de los Puigmoltejos.*

El Malastruc

No tots els Borbons han estat coneguts per la seva frenètica vida sexual. Fins i tot n'hi ha un de conegut per la seva malastrugança. Aquest personatge era Gaietà de Borbó, germà del destronat rei Francesc II de les Dues Sicílies. La seva fama de malastruc era coneguda arreu. Quan va néixer, una cornisa del palau reial napolità va caure. El dia del bateig, un ciri de la capella va estar a punt de provocar un incendi. El dia de la primera comunió es va ennuegar amb l'hòstia consagrada i uns quants anys després, ja exiliat, mentre servia a les files de l'exèrcit austríac, el cavall es va trencar una cama. Amb aquest historial, quan l'abril del 1868 es va anunciar que es casava amb la princesa Isabel, filla gran d'Isabel II, els entesos van pronosticar que s'acostava un terratrèmol. El terratrèmol va ser la revolució de setembre del 1868 i el final de la monarquia isabelina, però no dels Borbons. Va ser debades que Gaietà, coronel d'hússars, lluités heroicament a la batalla del Puente de Alcolea, al crit de "*¡Viva mi suegra!*". Gaietà es va exiliar a Suïssa, amb la seva muller, on, desesperat, va descobrir que estava malalt —tenia epilèpsia—, i a més amés havia assumit la seva malastrugança. Desesperat, es va suïcidar deixant la seva dona, coneguda per *La Chata*, vídua als 19 anys. Juan Balansó explica que, pocs mesos abans de suïcidar-se, havia deixat escrit al seu testament que l'espasa que portava en la batalla del Puente de Alcolea, fos lliurada a Isabel II, que va tenir un cobriment de cor quan va veure davant seu l'espasa, pensant quina desgràcia s'acostava, i va fer amagar l'espasa en un armari. Van passar els anys, Isabel II i les seves pertinences van tornar a Madrid i l'espasa en qüestió va ser enviada a la reial armeria del palau d'Oriente. L'endemà, el museu es va incendiar.

Isabel II

La passió de París

Isabel II no tenia aturador. La seva voracitat sexual, gairebé bulímica, no sembla calmar-se —més aviat al contrari— amb el pas dels anys i l'empeny per continuar devorant amants de manera irrefrenable. Un rere l'altre. Ramón María del Valle Inclán en fa una poètica descripció:

> [...] *Ríe la comadre feliz y carnal,*
> *y un temblor cachondo le baja del papo*
> *al anca fondona de yegua real.*

El següent de la llista va ser Miguel Tenorio de Castilla, que el 20 d'abril del 1859 va començar a exercir de secretari particular de la reina, càrrec que va ocupar fins al 10 d'agost del 1865. Diputat a les Corts i governador de dotze províncies diferents, Tenorio era un home culte, espiritual, escriptor i poeta, i amb el seu caràcter va captivar de seguida la sobirana. Ella, també sigui dit de passada, tampoc era de fer-se pregar. Va esclatar l'idil·li, que va durar sis anys. El fet que Isabel II passés una part considerable d'aquest temps entre llençols, i atès que al segle XIX la planificació familiar era un concepte encara eteri, va fer que els seus embarassos s'anessin gairebé encavalcant. Així, el 26 de desembre del 1859, va néixer la infanta Maria de la Concepció, que va morir abans de fer els dos anys. El 1861 va tenir una altra filla, Maria del Pilar, i el 1862, dues més, Maria de la Pau i Maria Eulàlia. Tenorio va mantenir una relació especial amb totes quatre i, a més, a l'hora de fer testimoni va declarar hereva única i universal dels seus béns la infanta Maria de la Pau. Un detall, si es vol anecdòtic, que va tornar a alimentar les sospites sobre la paternitat de les nenes. Però no ens enganyem. Tothom, o gairebé tothom, aposta que són de l'amant que la sobirana tenia llavors. Elucubracions a banda, la relació entre Isabel II i Tenorio va tenir un toc especial. No va ser només de llit. Tot i que també. La reina se sentia reconfortada per un home que la va introduir en el món màgic de la literatura i que la va obsequiar amb un amor al qual ella no estava avesada. Prova d'això és que, anys després, quan la monarca es va haver d'exiliar a París, Tenorio va córrer al seu costat i es va posar a la seva total disposició...

Una de les satíriques i alhora pornogràfiques aquarel·les dels germans Bécquer que, sota el pseudònim de SEM, retraten els afers de la sobirana i Carlos Marfori.

Les aventures amatòries d'Isabel II van aconseguir impossibles. Dos rivals polítics tan acarnissats com Narváez i O'Donell, que es van passar mitja vida conspirant l'un contra l'altre, van sumar esforços per treure de circulació Tenorio. I se'n van sortir, tot i que la mateixa reina hi va posar molt de la seva part, oblidant els seus nobles sentiments cap al seu estimat, tan bon punt en va tenir un altre a l'abast. Es tracta de Tirso Obregón, un jove de veu agraïda i apassionat pel *bel canto*, amb qui va viure una relació breu, tempestuosa i indiscreta. Un cop aquesta es va acabar, l'amant va ser reconegut amb les condecoracions d'Isabel la Catòlica i la de Carles III, a més del càrrec de director de la secció liricodramàtica del Conservatori de Madrid. José de Murga i Reolid, un altre amant fugaç amb qui es va embolicar la reina, també va ser condecorat amb la Gran Creu d'Isabel la Catòlica i li va ser assignat un escó de senador. Refregar-se amb la reina tenia aquestes coses. És un acte heroic que mereixia ser recompensat.

Carlos Marfori, un protegit de Narváez, va ser el següent que es va embolicar amb Sa Majestat. Fill d'un cuiner italià i capità de l'exèrcit, era un home ben plantat, alt i prim, amb un bigoti viril i llargues patilles. Narváez tenia un especial interès, evidentment polític, perquè la reina s'hi encaterinés. I res és més fàcil. Isabel II, aleshores, era una dona de 35 anys a qui la seva golafreria ja passava comptes.

Els germans Bécquer retraten així Isabel i Marfori, una vegada exiliats a França, i hi reprodueixen els següents versos: "Los ejercicios del chal, / de la inocente Ysabel, / convierten el redondel / en un hermoso rosal".

I és que la seva figura, per dir-ho amb finor, començava a ser joiosa. Marfori era un amant complaent, i ràpidament es va guanyar la confiança de la reina per influir en les seves decisions. També, és clar, va rebre un rescabalament per alegrar-li les nits. En aquest cas, el nomenament com a governador de Madrid i ministre d'Ultramar. En temps de crisi, però, i com a mostra de fidelitat a la seva estimada, va renunciar al seu sou i va encaixar totes les crítiques que van fer falta perquè la institució de la corona no en sortís esquitxada. Francesc d'Assís, l'encara rei consort, va encaixar aquestes infidelitats amb absoluta fredor. Amb dignitat, va assumir la seva condició de banyut.

El 3 de juny del 1868, la reina i el seu seguici, amb amant inclòs, van marxar de Madrid per començar les seves vacances a la platja.

Al setembre, quan era a Sant Sebastià, va esclatar la Gloriosa, una revolta orquestrada pel general Prim, el duc de Montpensier i la seva dona, Maria Lluïsa Ferranda d'Espanya. En la revolució per derrocar Isabel II també hi va jugar un paper actiu Francisco Serrano, aquell *general bonito* que anys enrere havia seduït la sobirana. Després d'unes setmanes d'incertesa en què el país va viure una situació política explosiva, la reina va decidir tornar a Madrid per intentar desactivar la revolta. En contra dels consells del seu cap de govern, però, hi va anar acompanyada de Marfori, que ja exercia d'*amant* oficial, fet que va fer reactivar la sublevació, que finalment va triomfar. Tot Madrid va fer córrer la teoria que la reina "havia perdut el tron per un amant".

El 7 de novembre del 1868, Isabel II, els seus cinc fills, el secretari Antonio Ramos de Meneses, el pare Claret, el duc de Sesto, Francesc d'Assís i... Marfori! es van exiliar a França. La ja exsobirana, amb 38 anys, tenia el rostre fatigat i una figura perillosament voluptuosa. Feia de mal veure. Després d'una breu estada a Pau, on Napoleó els va cedir un palauet, el seguici es va instal·lar de manera

definitiva a l'antic hotel Basilewsku, prop de París, que va passar a dir-se palau de Castella. A la capital de França, impregnada per la bohèmia, Isabel va reprendre la seva agitada vida nocturna. Van tornar les festes. I també els amants. Com ara un guapo dentista turc a qui va enviar ardents cartes d'amor. La pèrdua del tron també va tenir un efecte balsàmic sobre el matrimoni amb Francesc d'Assís. Sense cap obligació, ja no hi havia la necessitat de continuar alimentant artificialment una parella que estava en situació d'encefalograma pla des de feia anys. Es van separar. La sensació d'ambdós va ser d'alleujament.

L'antiga sobirana s'havia tret de sobre un home que no havia suportat mai i amb qui, paradoxalment, potser va viure els períodes més insulsos de la seva agitada vida sexual. Ell, pel seu cantó, també va poder desprendre's d'una dona que l'havia humiliat a ulls del món fins a extrems inimaginables amb els seus constants adulteris.

El 1873, i després d'un breu exili a Suïssa a conseqüència de la guerra entre França i Alemanya, la reina destronada i la seva cort es van retrobar amb París. En el cas d'Isabel II, la trobada amb el Sena li va fer ressuscitar la seva fogositat, i es va buscar un altre amant, Ramiro de la Puente —un home casat—, amb qui va portar una vida bohèmia i desinhibida. Com dos joves en plena efervescència amorosa, anaven de bracet a cabarets, salons i festes nocturnes. Ell, a més, no se'n podia estar, de presumir en públic de la seva conquesta reial, fins al punt que constantment mirava l'hora per poder lluir el rellotge d'or que li havia regalat Isabel II. Al rellotge, hi ha gravada una inscripció prou explícita: "*A mi Ramiro, tu Isabel*". Aquesta atapeïda agenda social de la sobirana va causar un fort escàndol entre la societat parisenca i la classe política. L'ambaixador espanyol, Molins, no dissimulava el seu malestar envers la vida llibertina de Sa Majestat en un informe que tramet al govern: "*La reina, cada vez a peor. Va a todas partes, teatros, exposiciones* [...] *con el amigo.*" Mentrestant, la situació política a l'Estat es va anar aclarint. Alfons XII, fill d'Isabel, va ser proclamat rei després d'un pronunciament militar al desembre del 1874. Puente, com molts altres havien fet abans, va intentar acomodar-se al nou escenari fent valer els "drets de llit" adquirits en la seva condició d'amant reial. Va rebre el títol de marquès d'Altavilla.

Però a l'exreina les coses no li acabaven d'anar bé. No tenia un ral, situació que va empènyer el govern a demanar la destitució del seu secretari i amant, l'inefable Ramiro de la Puente, més preocupat per la seva tasca seductora que de la comptable. Isabel, però, n'estava bojament enamorada i el va defensar com una gata en zel. Mai més ben dit. Després de polir-se en un no res els diners que li havia transferit l'Estat per alleugerir les seves penúries econòmiques, a l'agost del 1876 la monarca sense tron va ser autoritzada a tornar a l'Estat espanyol. Es va instal·lar a Sevilla amb les infantes Maria de la Pau, Maria del Pilar i Maria Eulàlia. Puente es va afegir al grup pocs dies després, i ambdós amants no van trigar a exhibir-se en públic per l'antiga Hispalis. Tothom murmurava, comentava i criticava. El gran escàndol, però, encara havia d'arribar. Va ser a l'abril del 1877, quan Isabel II va convidar a dinar la seva família i va col·locar l'amant de comensal. Dies després, també se'l va endur al *tiro al pichón*. Sa Majestat semblava haver perdut, a més de la corona, el nord. Anava llançada.

El govern estava fart de l'aventura amorosa, i va fer desterrar Puente a París, després d'acomiadar-lo del seu càrrec de secretari. Isabel, però, n'estava perdudament enamorada i el 15 de novembre es va desplaçar a la capital francesa per retrobar-se amb el seu estimat. Aquest, però, no havia perdut el temps. Durant el temps que havia estat separat de la reina, havia convertit el palau de Castella en una mena de casa de barrets per on desfilaven els personatges més sinistres, pocavergonyes i despreocupats de París. Isabel II, en un acte de desafiament al govern, va nomenar el seu amant cap del palau parisenc. L'ambaixador Molins, en una carta del 16 de novembre, va resumir la concepció que la classe política i diplomàtica tenia d'una monarca, que no va destacar, precisament, pel seu domini de les formes: "*Por lo visto, esta pobre señora está loca*". En part, i per ser justos, de raó no n'hi faltava. Isabel II estava bojament enamorada de Puente. Però la tempestuosa i desorbitada carrera afectiva d'Isabel II no es va acabar aquí. Després va venir un altre amant, José Haltman, un jueu que, a banda de posar-li la comptabilitat al dia, li va regalar generoses dosis de sexe i passió. I això que, aleshores, Sa Majestat ja tenia 74 anys.

Alfons XII

Formació estricta i instritutius sexuals

L'imaginari popular dóna un toc de tendresa i romanticisme a la vida d'Alfons XII, idealitzat en la cinematografia del franquisme per Vicente Parra. Ingredients n'hi havia. Es va casar per amor, enfrontant-se a la seva mare i als polítics de l'època. Va enviudar als 21 anys, cinc mesos després de casar-se. I ell mateix va morir molt jove, als 27 anys, quan la seva segona esposa estava embarassada del que seria el seu hereu. Però en matèria sexual, Alfons XII també es portava l'oli i els historiadors ho deixen molt clar.

> *Fue tan promiscuo como su madre y tan adúltero como su abuelo y su bisabuela pero mientras de la vida privada de todos estos no nos queda más que acre olor a sexo, de Alfonso XII la historia recupera para nuestros días una aureola de amor.*

I encara hi afegeixen més:

> *El monarca español disfrutaba del sexo con serena y majestuosa impudicia a la menor ocasión. Y hay que decir que, como hombre joven y apuesto, ocasiones nunca le faltaron.*

I més:

> *El amor nunca fue para don Alfonso de Borbón y Borbón una exclusiva personal y monógama, como había sucedido con los Borbones españoles del siglo XVIII.*

Alfons XII va viure la seva infantesa a Espanya. Els antimonàrquics l'havien batejat amb l'àlies d'*El Puigmoltejo* ja que el consideraven fill d'Isabel II i el capità Puigmoltó. Sa mare tenia molta feina amb els amants i dedicava poc temps a la mainada, com explica la infanta Eulàlia:

> *Mi madre vivió alejada de nosotros y más que madre la sentíamos una reina. Y así como mi madre no tuvo sentimiento en su matrimonio, así nosotros no conocimos en realidad el cariño de unos padres en un hogar.*

Tampoc es va escarrassar gaire, la reina, a buscar preceptors per al príncep, i l'estol d'instructors que voltaven el nen tenien tal do-

mini de la gramàtica que van deixar notes escrites com aquesta:

> *El Serenísimo príncipe mi Señor se dispertó a las nuebe menos diez minutos se labó, bistió, razando sus oraciones, tomo chocolate, se le mobió el vientre muy natural i abundante.*

L'esclat de La Gloriosa obliga la família reial a exiliar-se a França, a Suïssa i a la capital austríaca, Viena. El jove Alfons de Borbó i Borbó en dirà bé, perquè serà el primer hereu de la corona espanyola que s'instruirà a l'estranger i en col·legis de reconegut prestigi. És un adolescent intel·ligent, dotat d'una memòria prodigiosa. Amb una sola vegada que li llegeixen un text en veu alta, l'endemà el repeteix sense vacil·lació. Des de 1871 fins a 1874, dels catorze als disset anys, estudia al prestigiós col·legi Theresanium de Viena i és l'època en què es comencen a despertar les seves potencialitats sexuals. Així n'informa la reina el preceptor del príncep:

> *Como su imaginación y sensibilidad son muy vivas, cuando pasa muchos días en la ociosidad adelanta su imaginación más de los necesario en cierto terreno y luego vuelve al trabajo con disgusto.*

Paradoxalment, la resposta de la reina és enviar a Viena a visitar el seu fill Madame Ratazzi, una aventurera europea ja madura. La Ratazzi, que té 40 anys, compleix l'encàrrec d'Isabel II de comprovar que el seu fill està sa i estalvi, però aprofita per donar-li lliçons de teoria i pràctica sobre l'art d'estimar. I no serà la Ratazzi l'única

institutriu que Isabel II proporcionarà al seu fill. La reina també enviarà al Theresanium la cantant d'òpera Elena Sanz, de 27 anys, perquè porti un paquet al príncep. L'escriptor Benito Pérez Galdós explica la captivació que Alfons, de 14 anys, sent per aquella dona:

> *El joven Alfonso, pálido y confuso, no podía ocultar la profunda emoción que sentía frente a su hechicera compatriota.* [...] *Partió la diva.* [...] *Las bromas picantes y las felicitaciones ardorosas de los teresianos a su regio compañero quedaron en la mente del hijo de Isabel II como sensación dulcísima que jamás había de borrarse.*

I ben cert que no s'esborrarien. Ni del cap del fill ni del cap de la mare. La relació d'Alfons XII amb Elena Sanz es mantindria durant tota la vida del rei. De solter, de casat amb Maria Mercè d'Orleans, de vidu, i de casat amb Maria Cristina d'Àustria.

Elena Sanz i Alfons XII van tenir dos fills, que eren com dues gotes d'aigua amb el seu pare i a qui els van posar per nom Alfons i Ferran, i per cognoms els dos de la mare: Sanz i Martínez de Arrizala. I encara menys s'esborrarien del cap de la mare, la reina Isabel II, que quan parlava de la cantant acostumava a dir-li "*mi nuera ante*

Dios" i que en el seu testament va deixar com a beneficiaris de 35.000 francs de l'època els dos fills de la cantant.

Però Elena Sanz no seria l'única cantant d'òpera que passaria transversalment per la vida del rei. En el seu moment, Alfons XII també queda extasiat per la bellesa d'una altra diva, Adelina Borghi. La veurà per primer cop en una actuació el 1875 al madrileny Teatro Real, poc després d'haver tornat a Espanya i haver estat proclamat rei. Atesa la mala oïda musical del monarca (diuen que havia estat incapaç de memoritzar les notes de la marxa reial i que quan començava a sonar li havien de donar una petita empenta), sembla clar que l'interès d'Alfons XII per no perdre's cap de les representacions operístiques que es fan arreu d'Europa respon a la voluntat d'admirar les belles i curvilínies protagonistes d'aquests espectacles, que feien les delícies del monarca davant i darrere dels escenaris. Borghi, una reputada cantant, madura i casada, tampoc es resistirà a les exigències reials dins de l'alcova. Coneguda a Itàlia com *La Biondina* —la rosseta—, presumeix d'una cabellera rossa admirable, gran sensualitat i un cos d'excepció al gust d'Alfons XII, que devia aprofitar el fet de jugar a casa per captivar en el mateix Teatro Real la formosa protagonista. És precisament la relació amb l'escultural cantant italiana i la desenfrenada vida sexual del monarca, amb les seves sortides nocturnes en companyia dels seus insepara-

bles amics, el duc de Sesto i el duc de Tamames, les que obliguen el seu preceptor i Antonio Cánovas del Castillo a iniciar els tràmits per accelerar tots els preparatius d'un casament. Es tracta, un cop més en la història dels Borbons, de casar-lo i assegurar així una de les prioritats de qualsevol monarca, la successió.

Aleshores Alfons ja coneixia Maria Mercè d'Orleans, que es convertirà en la seva primera muller i de la qual s'havia enamorat bojament i sincerament des del principi. L'amor, però, no impedirà que segueixi amb les seves aventures nocturnes, conegudes per tota la cort i bona part dels habitants de les diferents ciutats on transcorren aquestes disbauxades nits.

El cercle més pròxim al rei va prendre la decisió d'allunyar la seductora Biondina dels braços d'Alfons XII. Aquesta decisió es pren en comprovar que Borghi no en té prou de ser amant reial o rebre regals monàrquics diversos, sinó que exigeix més contraprestacions, com l'obtenció de títols i altres reconeixements. Malgrat les lluites entre els uns i els altres, finalment, el governador civil, José Elduayen, acompanya personalment la cantant fins a l'estació del Nord de la capital espanyola i espera a l'andana fins que l'exprés marxa en direcció a un país estranger. Aquesta separació forçada només obeirà als desitjos de l'entorn i no pas dels implicats. Les trobades entre tots dos es tornaran a produir al cap d'un temps, cada vegada que la cantant retorna a la capital per actuar, on té ja un fidelíssim i reial seguidor, fora i dintre dels escenaris. Les ardoroses trobades entre Borghi i el vuitè monarca Borbó ja no van desaparèixer fins a l'any 1885, quan la delicada salut del rei ja no les va fer possibles.

BIOGRAFIA

✔ **VIDA.** Va néixer al palau reial de Madrid el 28 de novembre del 1857, i va morir al palau del Prado el 25 de novembre del 1885.

✔ **ELS MATRIMONIS.** El 23 de gener del 1878 es va casar amb la seva cosina Maria Mercè d'Orleans i Borbó (1860-78), filla de la seva tia Maria Lluïsa Ferranda (germana d'Isabel II) i el príncep Antoni d'Orleans. Va morir al palau reial de Madrid el 26 de juny del 1878, cinc mesos després del seu casament. El 29 de novembre del 1879 es va casar amb Maria Cristina d'Àustria (1858-1929), filla de l'arxiduc Carles Ferran d'Àustria i l'arxiduquessa Isabel d'Àustria.

✔ **Els fills.** Amb la segona esposa, Alfons XII va tenir tres fills: Maria Mercè (1880-1904), Maria Teresa (1882-1912) i el futur Alfons XIII (1886-1941).

El regnat (1875-1885)

✔ **La proclamació.** La seva mare va abdicar a favor seu a l'exili, el 24 de juny del 1870. Mentre Alfons era a l'exili i durant el mandat republicà del general Serrano, alguns polítics, capitanejats per Antonio Cánovas del Castillo, van preparar un moviment contra la monarquia d'Amadeu I per restituir el poder als Borbons. Cánovas volia fer pujar el seu príncep al tron per mètodes legals, però l'impacient general Arsenio Martínez Campos, el 29 de desembre del 1874, va fer un cop d'estat a Sagunt i va proclamar Alfons rei d'Espanya.

✔ **La tercera guerra carlina.** En iniciar el seu regnat i amb Antonio Cánovas del Castillo com a polític clau de la Restauració borbònica, Alfons XII va participar activament en la guerra del nord —tan sols cinc dies després d'arribar a Espanya procedent de l'exili francès— contra els carlins, que s'havien instal·lat en terres navarreses, on Carles VII fins i tot va formar un govern i va encunyar les seves pròpies monedes, malgrat que cap de les potències europees el va reconèixer com a rei d'Espanya. La guerra en què va participar Alfons XII va suposar la derrota de Carles VII i la victòria de l'exèrcit liberal, capitanejat per Primo de Rivera. Malgrat aquesta victòria, la tercera guerra carlina no finalitzarà fins a la primavera del 1876. Precisament, aquesta derrota carlina motivarà el sobrenom de Rei Pacificador. També se l'anomenarà Rei Constitucional perquè aprovarà la Constitució canovista de 1876.

✔ **Liberals i conservadors.** A partir del 1881, Cánovas i Sagasta, caps dels partits conservador i liberal, respectivament, acorden alternar-se pacíficament l'ús del poder, i intentaran posar-ho per escrit en l'anomenat pacte del Prado (1885), dies abans de la mort del monarca.

Alfons XII

Romàntic de dia, desenfrenat de nit

Pase que un futuro nieto mío sea nieto de una puta y un maricón, es la vida. Pero no puedo consentir que el futuro rey de España sea nieto de un criminal.

Aquest llenguatge contundent i tavernari és de la reina Isabel II. S'expressava així en conèixer la intenció del seu fill, Alfons XII, de casar-se amb Maria Mercè d'Orleans. S'hi va oposar amb totes les seves forces. Com s'hi va oposar Cánovas del Castillo i una bona part de la classe política. Però res ni ningú va fer canviar d'opinió el rei, que es va casar amb la seva cosina per amor i que va aconseguir el reconeixement dels espanyols.

Quieren hoy con más delirio a su rey los españoles pues por amor se ha casado como se casan los pobres.

La parella s'havia conegut durant les festes de Nadal de 1872. Alfons tenia 15 anys i Maria Mercè, 13. Isabel II obliga el seu fill a anar a passar les vacances al castell de Randan, on viuen els ducs de Montpensier, que també estan exiliats a França. Al príncep no li fa gaire gràcia anar a casa dels oncles, però anys després reconeixerà que la seva cosina el va captivar des del primer moment.

Mercedes apareció ante mis ojos como la imagen perfecta de la felicidad y la virtud.

Aquell Nadal consumeixen hores i hores passejant i parlant. I cau algun petó a la galta. Abans de tornar a les classes, Alfons es declara i li confessa que l'admira i l'estima.

Un braçalet car

Un any després, també per les festes nadalenques, Alfons torna a deixar l'escola de Viena i torna a visitar els seus oncles a París. Cada tarda la parella s'escapa de la dama de companyia de Maria Mercè i fa llargues passejades pel Bois de Boulogne, agafats de la maneta. Passen les vacances de Nadal de 1873 feliços i enamorats. Quan ell ha de tornar a Viena al Theresianum i ella al col·legi de les religioses de l'Assumpció, Alfons vol obsequiar-la amb un regal. Entren en una joieria i el príncep tria un braçalet amb un petit trèvol de la sort. Maria Mercè se l'emprova i tots dos estan d'acord que li queda tan bé que sembla fet a mida. L'encanteri es trenca quan el joier informa el futur rei del preu de la joia. Amb cara de circumstàncies Alfons murmura "és una mica car...". Resignat, mira la seva cosina i comenta:

Tendrás que esperar. Te la compraré cuando seré rey.

Acabada la formació a l'escola Theresianum de Viena, Alfons va a completar la formació a Anglaterra, i ingressa com a cadet a l'acadèmia militar de Sandhurst. És el mes d'octubre de 1874. Només tindrà temps de cursar-hi un trimestre. El moviment alfonsí a Espanya prepara un cop

Maria Mercè d'Orleans, primera esposa d'Alfons XII

d'estat contra la República. El 29 de desembre, mentre Alfons passa les vacances a París, el general Martínez Campos es pronuncia a Sagunt i el proclama rei. La carta li arriba al palau de Castella quan s'ha canviat l'uniforme de militar pel frac perquè se'n va a teatre.

> *Sire, votre majesté a été proclamé roi, hier soir, par l'Armée espagnole. Vive le roi.*

Alfons se'n va a teatre, tal com tenia previst, sense fer cap comentari de la carta a ningú. Després de la representació, quan tornen al palau de Castella i el marquès d'Elduay en comunica emocionat la notícia a la reina mare, Alfons els interromp:

> *Ya estaba enterado de la noticia. Partiré para España inmediatamente, suceda lo que suceda.*

Abans de marxar li organitzen una festa d'homenatge i allà mateix es dirigeix a Maria Mercè i es treu l'espina del braçalet que no havia pogut pagar:

> *Nada ha cambiado para mí; si soy rey tú serás mi reina, y prefiero dejar de serlo antes de que dejes de ser mi mujer.*

El 14 de gener del 1875 arriba a Madrid, i es retroba amb la colla d'amics de l'època de l'exili a Viena. Amb Pepe Alcañices, Julio

Benalúa i Vicente Bertrán passen a ser els reis de la nit de la capital, i avancen en més d'un segle el que durant el mandat de l'alcalde Tierno Galván es batejarà com la *movida* madrilenya. La fogositat d'Alfons, augmentada per la tuberculosi que pateix, és apagada per una rastellera d'amants successives i puntuals. I també per les actrius amb abonament a la corona, com Adela Borghi o Elena Sanz. Mentrestant mantenia a distància l'idil·li amb Maria Mercè d'Orleans. L'amor entre la parella de cosins es manifestarà públicament a partir de la primavera de l'any 1877, en una trobada a Sevilla. I els primers problemes arriben al setembre d'aquell mateix any, quan la mare i les infantes també retornen de l'exili i s'instal·len al palau reial de San Lorenzo d'El Escorial. De seguida Alfons fa una visita a la família i demana a la seva mare el consentiment per casar-se amb la infanta Maria Mercè.

Isabel II es nega a acceptar el casament. Té aversió al duc de Montpensier, pare de Maria Mercè, que ha estat declarat culpable d'inducció d'un crim d'Estat. La mare no en vol sentir a parlar, però la contrarietat d'Isabel II no farà replantejar en cap moment el casori d'Alfons amb la seva cosina, tot i que la reina intentarà evitar-ho posant una trampa al seu fill. Prepara un estratagema que creu que és jugar sobre segur i escull l'espectacular Elena Sanz per fer recapacitar el rei. El 4 d'octubre aconsegueix molt fàcilment que Alfons XII assisteixi a la inauguració de la temporada d'òpera al Teatro Real. L'estrena es fa amb l'obra *La favorita* de Donizetti i la cantant Elena Sanz en té prou amb un sol gest des de l'escenari per tornar a seduir el monarca, que manté agafada afectuosament la mà de Maria Mercè, la futura reina.

Però la jugada no li acaba de sortir rodona a Isabel II, perquè encara que el rei torna a intimar amb Elena Sanz, no es fa enrere del casament amb Maria Mercè. Romanticisme de dia amb la cosina i desenfrenament sexual de nit amb la cantant. El desembre del 1877, Alfons envia una carta formal a la família Montpensier per demanar oficialment la mà de la seva filla. La lletra s'acompanya d'un luxós braçalet d'or, amb robins i brillants, que intenta compensar el que dos anys enrere no havia pogut pagar. La tossuderia d'Alfons per convertir Maria Mercè en la seva dona també l'enfronta amb Cánovas del Castillo, que tampoc veu el casament amb bons ulls. Ell no es cansa de repetir el mateix:

> *Jamás cederé en mi libertad personal a la hora de decidir esposa.*

I quan intenten fer-li veure que la decisió pot portar la inestabilitat al país, continua entestat:

> *Me trae sin cuidado un azar que hoy por hoy es incierto. Quiero casarme con la mujer que yo amo, y si ésta es una princesa real mucho mejor que cualquier otra y espero vivir con ella en el trono hasta que seamos los dos muy viejos. Además, ¿qué pueden importar las revoluciones? Podrán quitarme la corona, pero no me podrían quitar a mi Mercedes.*

A banda d'Isabel II i Cánovas, una bona part de la classe política tampoc veu clar l'enllaç. El 10 de gener del 1878 es debat a les Corts l'autorització parlamentària que Alfons XII ha sol·licitat per casarse, tal com marca la nova Constitució. "*Él nos hiere a todos*", criden els diputats liberals referint-se al futur sogre d'Alfons XII, l'intrigant duc de Montpensier. Però la sessió acabarà amb un aplaudiment unànime a la intervenció del diputat Claudio Moyano:

> *Doña Mercedes está completamente fuera de esta discusión... ¡porque los ángeles no se discuten!*

Finalment, el gran dia es fixa per al 23 de gener del 1878 a la basílica d'Atocha de Madrid. S'hi constatarà una destacada absència. La de la reina mare, Isabel II. Però el fervor popular perquè el rei es casa per amor desborda tota intriga de palau.

Alfons compaginarà bé la felicitat conjugal amb les atencions sexuals a Elena Sanz, amb qui s'intercanvia tòrrides cartes. La instal·la en un modest pis que facilita les trobades furtives, però el piset queda petit i el monarca decideix cedir-li un palauet a la mateixa capital i li passa una pensió. El matrimoni amb Maria Mercè només durarà 154 dies. Dos avortaments consecutius, diverses hemorràgies internes i febres altes provocades per la tuberculosi desencadenen la mort de la reina el 26 de juny. Alfons es reclou a palau afligit pel dolor. El cançoner popular va copsar de seguida l'estat del monarca:

> *¿Dónde vas, Alfonso XII?*
> *¿Dónde vas, triste de ti?*
> *Voy en busca de Mercedes,*
> *que ayer tarde no la vi.*
> *Tu Mercedes ya se ha muerto;*
> *muerta está que yo la vi,*
> *cuatro duques la llevaban*
> *por las calles de Madrid.* [...]
> *No te retires, Alfonso;*
> *no te retires de mí,*
> *ue soy tu esposa querida*
> *y no me aparto de ti.*

Alfons es retira uns dies a El Escorial. S'afaita el cabell i les patilles i vaga amb mirada febril al voltant del sepulcre del monestir on reposen les despulles de la reina. El dol durarà uns dies i, en acabat, tornarà a les seves responsabilitats de govern i als braços d'Elena Sanz.

Alfons XII

Fills bastards i successió *in extremis*

A l'estiu de 1878 Alfons XII és vidu, està malalt de tuberculosi i no té successió. A la cort hi ha preocupació i nervis, ja que les amants amb qui el monarca es consola no solucionen la problemàtica successòria. Els assessors del rei proven de fer veure a Alfons XII la urgència amb què s'ha d'actuar. El rei, encara recordant l'amor per Maria Mercè i entregat sexualment a la Sanz, la Borghi i tres o quatre més, és lacònic davant la proposta de buscar una futura reina:

> *Bien, busquen ustedes mismos la novia con quien debo casarme.*

La missió de triar l'assumeix Isabel, germana d'Alfons XII, que organitza com una mena de càsting en el qual es determina que la segona esposa serà Maria Cristina d'Àustria. Alfons admet la decisió amb fredor i distanciament:

> *A ésta la conozco yo de cuando estuve estudiando en Viena.*

L'havia vist un cop, no l'havia impressionat gens i només la recorda vagament. Per això, el rei demana als seus col·laboradors un retrat de Maria Cristina i un informe. El retrat que li mostren no el convenç. És de figura alta i esvelta i les preferències del monarca sempre s'han encaminat cap a l'exuberància de formes. Al rei li queda l'esperança que l'autor del quadre no hagi tingut la mà trencada a l'hora de retratar-la. Per això insisteix que li concertin una entrevista amb Maria Cristina, que té lloc el 22 d'agost del 1879. L'esperança d'Alfons XII s'esvaeix aquell mateix dia quan comprova que realment Maria Cristina té menys carn que ossos. La seva figura té tan poques corbes com es veia en el retrat i el seu rostre és encara més afilat i amb els ulls més petits del que el pintor havia captat. Les famílies passen juntes una setmana i la veritat és que Alfons sent més atracció per la mare de Maria Cristina, que ja ha passat dels quaranta i que marca corbes. No se n'està pas de dir-ho a la seva germana Maria Eulàlia, a qui li escriu una carta amb les impressions que ha tingut:

Lástima que, gustándome más la madre, tenga que casarme con la hija.

Però aquesta vegada les obligacions de la corona manen, i Alfons XII es resigna a contraure matrimoni en segones núpcies amb aquella noia escardalenca que no li genera cap entusiasme. Maria Cristina, que té 21 anys, és molt inexperta en matèria sexual i la seva mare, que coneix la vasta pràctica del monarca, decideix alliçonar-la per veure si supera els estrictes preceptes religiosos en els quals ha estat educada la futura esposa. A banda de la teoria sexual, Maria Cristina ja estava preparada per ser reina. Era una noia molt culta,

Elena Sanz

amb molta classe i bona educació que havia cursat filosofia i ciències econòmiques. Una de les seves aficions predilectes era la música, en contrast radical amb Alfons XII, a qui havien de donar un cop de colze cada vegada que sonava l'himne reial, perquè era incapaç d'identificar-lo.

Després de la trobada estiuenca, Maria Cristina d'Habsburg fa un viatge a París, al palau de Castella, per visitar la seva sogra, Isabel II, que ara sí que aprova el segon casori del fill. Es fixa com a data el 29 de novembre del 1879, a la basílica d'Atocha. Mentrestant, Alfons s'alleuja amb Elena Sanz, que ja està embarassada de cinc mesos. I els espanyols es mostren poc fervorosos cap a la futura reina, perquè en la comparació amb Maria Mercè sempre hi surt perdent. Només amb els anys canviaran les visions inicials, tant del mateix Alfons XII com dels ciutadans. Des del tron, Maria Cristina demostrarà la seva competència i el poble l'acabarà anomenant *Doña Virtudes* i Alfons XII les hi reconeixerà totes.

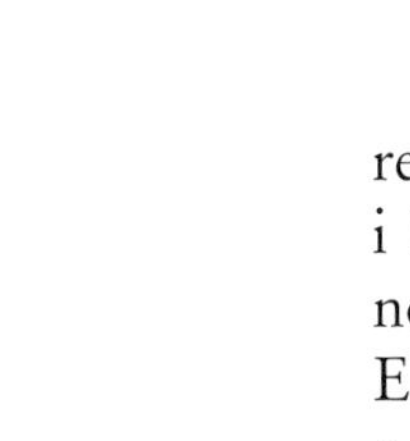

Amb un fill a París

Però el començament del matrimoni resulta un trauma per a la reina. Alfons continua entregat als llavis molsuts, la llarga cabellera i les sinuoses corbes d'Elena Sanz; i continua les seves gresques nocturnes. La reina està engelosida i s'indigna al límit quan sap que Elena Sanz està a punt de tenir un fill bastard del monarca. Exigeix a Alfons que faci fora del país la cantant i per això el nen naixerà a París.

El rei no sent cap passió per la seva esposa però compleix el deure de buscar successor a la corona i el setembre de 1880 tenen el primer descendent. És una nena i la decepció és gran a la cort, sobretot perquè el rei amb Elena Sanz torna a tenir un nen, a qui li posen Ferran. Alfons XII encara compatibilitza la situació amb la també cantant Adelina Borghi, *La Biondina*, fet que mortifica en gran manera la reina, que amb el temps s'ha enamorat del seu marit. Maria Cristina exigeix als consellers i assessors reials que es desterri Borghi:

O echan ustedes del país a esa prostituta o yo regreso al mío.

De fet, la reina viu un suplici. D'una banda, la Sanz, la Borghi i una rastellera més. I de l'altra, no aconsegueix ni desplaçar de la memòria d'Alfons XII Maria Mercè. El retrat de la primera reina es manté a la cambra reial, perquè és el primer i l'últim que el rei vol veure cada dia.

Bromes per l'idioma

La solitud i la gelosia consumeixen la reina, que omple les seves hores estudiant dret polític i perfeccionant el castellà. Tampoc en la millora de l'idioma té la col·laboració d'Alfons XII, que, tot al contrari, es mofa de la seva dona. Aprofita l'argot dels barris baixos de Madrid que coneix a la perfecció i confon Maria Cristina amb paraules col·loquials que no s'adiuen amb la cultura de la reina. Xala com un boig el dia que Maria Cristina vol felicitar Cánovas per un discurs parlamentari:

> *—Señor presidente, ya sé que estuvo usted ayer tarde en el Congreso hecho un barbián.*
>
> *—Señora, muchas gracias* [li contesta Cánovas]. *El barbián ha sido el que ha dado referencia a vuestra Majestad.*

El novembre de 1882 neix el segon fill del matrimoni, que torna a ser nena, i Alfons augmenta la llista de les amants titulars. A Elena Sanz i Adelina Borghi s'hi afegeix Blanca Escosura, una noia bella i culta, néta del poeta Espronceda, de qui Alfons XII acaba recitant versos de manera freqüent. També s'hi afegeix una dona anomenada La Cubana, que viu en una casa modesta. Per millorar la imatge d'aquella façana, la intendència reial hi col·loca una gran catifa que l'embelleixi.

"Proveedor de la Casa Real"

A les pràctiques amatòries de la corona s'hi suma la filla, jove i bella, d'un lleter de la capital. Com que a l'època era habitual que les empreses que subministraven productes a la Casa Reial rebessin el distintiu de *Proveedor de la Casa Real*, el lleter no en va voler ser una excepció, tot i no subministrar precisament llet. El propietari de la vaqueria va considerar que havia aportat prou per lluir el distintiu identificador i el va col·locar. La paradoxa és que l'establiment es denominava *Vaquería del Republicano* i que, en conseqüència, el rètol deia *Vaquería del Republicano. Proveedor de la Casa Real*. Encara al 1884, Alfons XII s'encapritxa de l'esposa de l'ambaixador uruguaià, a qui deixarà prenyada.

Ramón J. Sender, en el seu *Álbum de radiografías secretas*, ho explica així:

> *El embajador tuvo el diplomático deber de cederle el puesto en el lecho conyugal. La embajadora quedó encinta y parió a una criatura de perfiles borbónicos a quien yo conocí cuando ella tenía 42 años y estaba todavía de buen ver.*

A començament de 1885, el desè any del seu regnat, Alfons XII presenta un rostre pàl·lid i un aspecte malaltís. Ha perdut pes i té molta tos. El país està afectat per una epidèmia de còlera que causarà més de 5.500 morts i el rei decideix anar a visitar les zones afectades malgrat l'oposició de Cánovas. Alfons recorre hospitals i cases particulars i, de tant en tant, treu un mocador vermell i se l'acosta al rostre. Prova així de dissimular els vòmits de sang. Quan torna, l'estiu de 1885, s'anuncia el tercer embaràs de la reina, però l'estat del rei només fa que empitjorar. Els metges li recomanen els

aires del camp i s'instal·la al palau d'El Pardo, mentre que la reina es queda a Madrid per aparentar normalitat, com li exigeix Cánovas del Castillo. Però Maria Cristina només s'hi queda al matí. Presideix el que ha de presidir i a la tarda se'n va a El Pardo per cuidar el marit. Ara tot ha canviat:

> *¡Qué buena eres, Crista! No merezco ser cuidado como tú me cuidas; pero esto me anima, porque se que cuando me haya ido tú cuidarás de España como yo lo hubiera hecho.*

A la tardor, la salut del monarca s'agreuja i mor el 25 de novembre. Deixa dues filles i una viuda de només 27 anys i embarassada. Ell no ho sabrà, però al maig arribarà l'hereu que tant esperava. El testament polític que fa a Maria Cristina perquè encari bé la regència del país és demolidor. Resumeix les virtuts i els vicis d'una dinastia, i el joc polític de la Restauració:

> *Cristinita, guarda el coño; y de política ya lo sabes, de Cánovas a Sagasta y de Sagasta a Cánovas.*

ALFONS XIII

Bubi, rei abans de néixer

Maria Cristina exercirà de regent durant 16 anys, fins a la majoria d'edat d'Alfons XIII. La reina seguirà al peu de la lletra i amb zel el mandat pòstum d'Alfons XII. Va de Cánovas a Sagasta i de Sagasta a Cánovas en política, es guarda el cony i embolica amb cel·lofana l'hereu —en *Bubi*— entre les parets de palau. Aconseguirà pujar un nen maleducat, repel·lent i dèspota amb el seu entorn, que des del mateix dia que s'alliberarà de la protecció i l'ascetisme materns, s'entregarà a les mateixes passions que el seu pare.

L'únic consell d'Alfons XII que no va seguir Maria Cristina va ser el del nom de l'hereu. El pare, abans de morir, havia deixat clar que si era mascle preferia Ferran, perquè no volia que arrossegués l'ordinal tretze darrere el nom. La regent no era supersticiosa i va optar pel nom del pare. La seva cunyada Maria Eulàlia explica la situació a la reina Isabel II:

> *Madrid entero está entusiasmado. Quieren que el niño se llame Alfonso en vez de Fernando. Todo el mundo viene pidiéndolo a palacio. Dicen que XIII no tiene nada que ver, que el Papa* [Lleó XIII] *tenía también ese número y no le ha traído desgracia.*

Els supersticiosos van acceptar la realitat, però ho van fer amb picaresca i durant tota la vida del rei hi va haver qui va ironitzar sobre el nom: l'anomenaven *"Alfonso equis y tres palitos"*. Sa mare, en canvi, li deia *Bubi*; i el poble li va posar *Peloncete* i *"El del tupé"* a conseqüència de les efígies d'ell que apareixen successivament en l'anvers de les monedes i en els segells de correus.

Maria Cristina, que es guanya el sobrenom de *Doña Virtudes*, imposa un dol rigorós des de la mort d'Alfons XII. Prohibeix les festes a palau i es prohibeix a ella mateixa la companyia masculina. No vol rumors ni sospites. Tant és així, que ni tan sols rep d'un en un els seus ministres, els quals, quan han de visitar la reina, ho han de fer de dos en dos. No passeja mai sola i sempre s'acompanya de familiars seves de sexe femení. Es guarda, com li va manar Alfons, i no vol que el seu sexe sigui l'esca de comentaris. També tem que algú imagini possibles relacions lèsbiques i acomiada les dames d'honor més joves de la cort. Només en vol de velles. Era perfectament coneixedora de les infidelitats del seu difunt marit, però en volia conservar la memòria com la d'un home cast. Per això prescindeix dels serveis que prestaven al palau tots els personatges que havien estat testimonis i encobridors de les activitats extraconjugals d'Alfons XII.

Imposa un horari laboral rigorós i uns costums estrictes. Al seu fill, ja des de ben petit el prepara per ser rei i ella mateixa és la primera d'anomenar-lo *su majestad* i fer-li solemnes reverències en públic. El vailet puja molt entonat i de seguida agafa gust a les frases imperatives, que va utilitzant a tort i a dret. Mostra davant dels súbdits que ell és l'amo i senyor.

Para mamá soy Bubi, pero para ti soy el rey.

Però la majoria d'edat, que li arriba als 16 anys, li obre les portes del palau i ell s'afanya a conèixer què hi ha més enllà dels murs i de les faldilles de la seva mare. S'abocarà a tot el que tenia expressament prohibit, i ho deixa ben clar el mateix dia que jura la Constitució.

—Ahora que Vuestra Majestad es Rey con toda la barba, ¿cuál va a ser su primer acto?

—¿Mi primer acto? Llenar cuarenta veces al día mi pitillera.

La resposta venia carregada, des de feia un any, el dia de la festa del seu quinzè aniversari. Aquell dia, després d'un àpat suculent, un oficial que coneixia la passió del rei pel tabac va oferir-li un cigarret, però Maria Cristina hi va intervenir: "*Alfonso no tiene todavía permiso para fumar*". El rei, molest amb la mare, la va acatar, però va

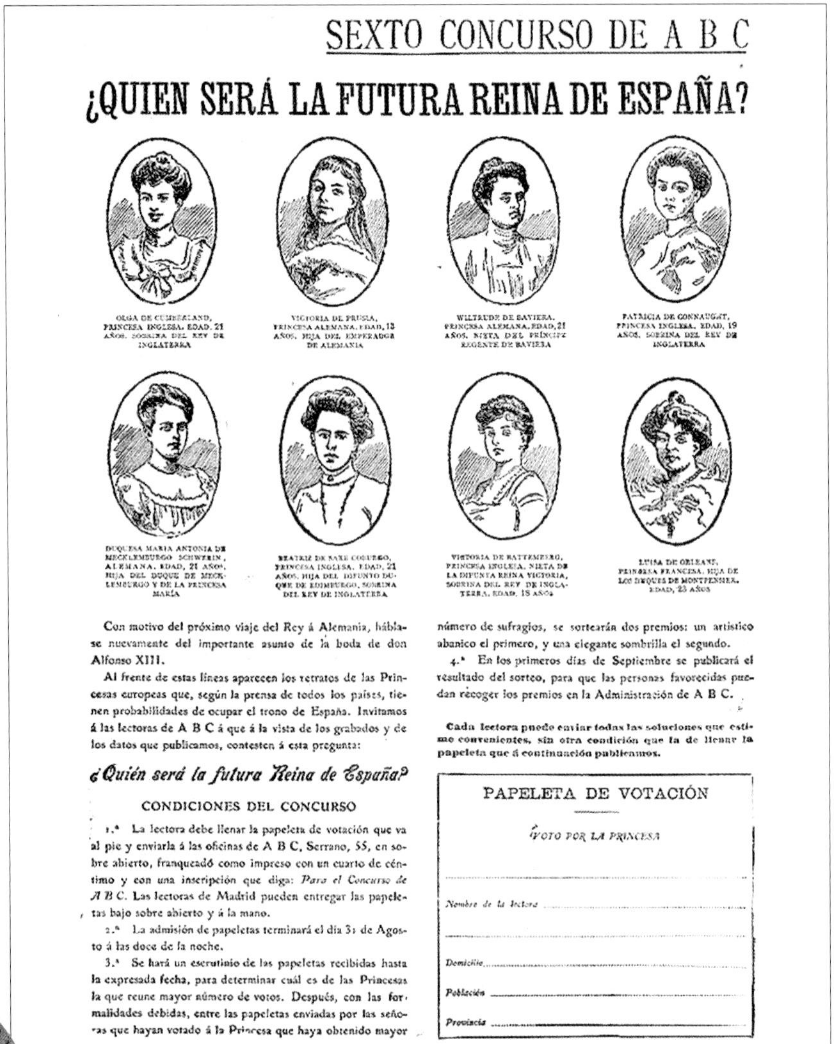

SEXTO CONCURSO DE A B C

¿QUIEN SERÁ LA FUTURA REINA DE ESPAÑA?

OLGA DE CUMBERLAND, PRINCESA INGLESA. EDAD, 21 AÑOS. SOBRINA DEL REY DE INGLATERRA

VICTORIA DE PRUSIA, PRINCESA ALEMANA. EDAD, 13 AÑOS. HIJA DEL EMPERADOR DE ALEMANIA

WILTRUDE DE BAVIERA, PRINCESA ALEMANA. EDAD, 21 AÑOS. NIETA DEL PRÍNCIPE REGENTE DE BAVIERA

PATRICIA DE CONNAUGHT, PRINCESA INGLESA. EDAD, 19 AÑOS. SOBRINA DEL REY DE INGLATERRA

DUQUESA MARIA ANTONIA DE MECKLEMBURGO SCHWERIN, ALEMANA. EDAD, 21 AÑOS. HIJA DEL DUQUE DE MECKLEMBURGO Y DE LA PRINCESA MARÍA

BEATRIZ DE SAXE COBURGO, PRINCESA INGLESA. EDAD, 21 AÑOS. HIJA DEL DIFUNTO DUQUE DE EDIMBURGO, SOBRINA DEL REY DE INGLATERRA

VICTORIA DE BATTEMBERG, PRINCESA INGLESA. NIETA DE LA DIFUNTA REINA VICTORIA, SOBRINA DEL REY DE INGLATERRA. EDAD, 18 AÑOS

LUISA DE ORLEANS, PRINCESA FRANCESA. HIJA DE LOS DUQUES DE MONTPENSIER. EDAD, 23 AÑOS

Con motivo del próximo viaje del Rey á Alemania, háblase nuevamente del importante asunto de la boda de don Alfonso XIII.

Al frente de estas líneas aparecen los retratos de las Princesas europeas que, según la prensa de todos los países, tienen probabilidades de ocupar el trono de España. Invitamos á las lectoras de A B C á que á la vista de los grabados y de los datos que publicamos, contesten á esta pregunta:

¿Quién será la futura Reina de España?

CONDICIONES DEL CONCURSO

1.ª La lectora debe llenar la papeleta de votación que va al pie y enviarla á las oficinas de A B C, Serrano, 55, en sobre abierto, franqueadó como impreso con un cuarto de céntimo y con una inscripción que diga: *Para el Concurso de A B C*. Las lectoras de Madrid pueden entregar las papeletas bajo sobre abierto y á la mano.

2.ª La admisión de papeletas terminará el día 31 de Agosto á las doce de la noche.

3.ª Se hará un escrutinio de las papeletas recibidas hasta la expresada fecha, para determinar cuál es de las Princesas la que reune mayor número de votos. Después, con las formalidades debidas, entre las papeletas enviadas por las señoras que hayan votado á la Princesa que haya obtenido mayor número de sufragios, se sortearán dos premios: un artistico abanico el primero, y una elegante sombrilla el segundo.

4.ª En los primeros días de Septiembre se publicará el resultado del sorteo, para que las personas favorecidas puedan recoger los premios en la Administración de A B C.

Cada lectora puede enviar todas las soluciones que estime convenientes, sin otra condición que la de llenar la papeleta que á continuación publicamos.

PAPELETA DE VOTACIÓN

Voto por la Princesa ....

Nombre de la lectora ....

Domicilio ....

Población ....

Provincia ....

La contraportada de l'ABC del 14 d'agost del 1905, en què s'ofereix al lector triar la xicota del rei.

dir la darrera paraula: "*Muchas gracias, general. Ofrézcamelo dentro de un año*". S'havia estat de fumar i s'havia estat de més coses, però s'allibera immediatament de totes. El primer objectiu és una tiple de l'òpera, ben proporcionada com les que li havien agradat al seu pare. Es diu Genoveva Vix, se'n fa ressò una revista parisenca, i els polítics de la confiança del rei li aconsellen discreció. Però Alfons XIII no està disposat a guardar, com guarda la seva mare. I troba altres artistes del món de l'espectacle com Carmen de Faya i Júlia Fons. Júlia acaba d'estrenar l'obra *El comte de Luxemburg*, les seves relacions amb el rei van de boca en boca i surt una cançó:

Hablan que tiene un marqués,
dicen que es más que señor
el que reina en su querer...

No anaven gaire errats aquells que malpensaven que l'amant de la vedet era més que un senyor. Poder, en tenia. El poder que es necessita per fer enderrocar la font i l'urinari públics que hi havia sota l'arc de San Ginés. Així aconsegueix un bon aparcament a la porta mateix d'accés a l'escenari. Aquell aparcament va fer més discretes les visites al camerino de la vedet. Les sortides del rei extramurs de palau l'acosten a les parles mundanes però no li abaixen els fums i continua tractant l'entorn amb frivolitat i distància. Un dia el gran d'Espanya de guàrdia, el majordom de setmana, el cap dels alabarders i el coronel dels guàrdies que custodien la cambra reial conversen animadament. S'obre la porta i apareix el rei:

—Os he oído charlar y reir y os habéis callado cuando yo he abierto la puerta de la cámara.

—Pero no hablábamos mal de Vuestra Majestad.

—¿De qué hablábais?

—Señor, hablábamos del último libro de Villaurrutia sobre la reina gobernadora...

—Más valía que Villaurrutia se ocupara de la puta de su mujer y dejara en paz a la puta de mi abuela.

El rei se sabia espavilar prou bé tot sol en temes amorosos, però els seus consellers van considerar que ho feia massa bé i que calia centrar la situació. Van creure que era l'hora de parlar de matrimoni i li van fer una proposta. Veien com una òptima candidata Patricia de Connaught, una de les nétes de la reina Victòria d'Anglaterra, considerada una de les princeses més belles i educades de l'època. Però Alfons XIII, com Alfons XII la primera vegada, no estava per romanços:

De una cosa puedes estar seguro: de que no me casaré con una fotografía. Quiero ver a mi futura esposa y ser yo quien la escoja.

I es posa a buscar la seva parella formal. Els consellers s'han de limitar a preparar-li un viatge per Europa on podrà conèixer l'ampli mostrari de princeses casadores. El 27 de març del 1905 inicia el recorregut. Fa una lleugera escala a París, on no troba res del seu gust, i fixa la mirada cap al mercat anglès. És el 5 de juny del 1905 quan el rei Eduard VII presenta a Alfons XIII l'estol de princeses del seu reialme que estan per merèixer. Naturalment el rei anglès té les seves preferències i potencia la seva neboda Patrícia de Connaught. Alfons XIII queda embadalit i la troba més bella que en la imatge fotogràfica que li havien mostrat. Però Patrícia no vol tractes perquè ja havia entregat el seu cor al marquès d'Anglesey. L'únic que desconeixia la realitat era Alfons. Patrícia, per buscar una sortida, comenta als seus íntims que el mentó caigut del rei d'Espanya li sembla més aviat repel·lent i que no te cap intenció de convertir-se al catolicisme per poder tenir un lloc al tron de la dinastia espanyola. A Alfons XIII li cau molt malament que Patrícia l'ignori i diu a la duquessa de Westminster:

> —*¿Tan feo soy? ¿Por qué no le gusto? No gusto a la dama que tengo a mi derecha.*

Però fa via d'oblidar aquella ofensa perquè entre el reguitzell de princeses hi veu Victòria Eugènia Júlia Enna de Battenberg i en queda corprès:

> *Estábamos todas alineadas conforme a la etiqueta que tanto gustaba a nuestro tío, el rey Eduardo VII. Al ver la fila de princesas Alfonso la reconoció con la mirada alegre, como la de cualquier mozo que inicia la vida con avidez. Al fijarse sus ojos en Victoria Eugenia experimentó un sobresalto y se quedaron clavados sus ojos en ella. Es la primera y única vez que he tenido el gusto de ver un flechazo en toda su fuerza dominante.*

L'idil·li ha començat. Alfons XIII continuarà el seu viatge per Alemanya i Àustria, però cap de les princeses que li presentaran li farà més pes que Enna. Paral·lelament el diari madrileny *ABC*, que ha destinat dos redactors (un d'ells és Azorín) a seguir el viatge reial, convida els lectors a participar en la recerca de la futura reina mostrant les fotografies de vuit candidates. En aquell concurs, els lectors coincideixen amb el rei i atorguen 18.427 vots a Enna, que n'obté cinc mil més que la princesa que queda en segon lloc, Patrícia de Connaught (13.719). En tercera posició els lectors han escollit Victòria Lluïsa de Prússia (12.901), que més tard va ser l'àvia materna de l'actual reina Sofia. I en quarta posició hi va quedar la que més endavant va ser l'àvia materna de l'actual rei, Lluïsa d'Orleans (10.675). O sigui, que en aquell concurs de l '*ABC* hi participaven tres de les àvies dels sogres de Letizia.

BIOGRAFIA

✔ **VIDA.** Va néixer al palau reial de Madrid el 17 de maig del 1886. Va morir a causa d'una angina de pit al Grand Hotel de Roma el 28 de febrer del 1941.

✔ **EL MATRIMONI.** El 31 de maig del 1906 es va casar amb Victòria Eugènia de Battenberg (1887-1969). Era filla del príncep Enric de Battenberg i la princesa Beatriu de la Gran Bretanya i Irlanda. La reina va abandonar el tron espanyol el 1931, i es va separar, de fet, d'Alfons XIII.

✔ **ELS FILLS.** El matrimoni va tenir set fills: Alfons (1907-38), Jaume (1908-1975), Beatriu (1909), un infant que va morir en néixer (1910), Maria Cristina (1911), Joan (1913-93) i Gonçal (1914-34).

Alfons XIII va tenir fills bastards, un dels quals, Leandro Alfonso, ha estat reconegut com a Borbó.

EL REGNAT (1886-1931)

✔ **LA REGÈNCIA.** Des de la mort d'Alfons XII i fins que Alfons XIII no va ocupar el tron, Maria Cristina va assumir la regència del país, durant la qual els polítics més destacats com a president del govern van ser Antonio Cánovas del Castillo i Práxedes Mateo Sagasta. Al 1891 les crisis ministerials es van multiplicar i a partir del 1895 les lluites per la independència de Cuba i la posterior guerra amb els Estats Units van acabar en derrota, i es va perdre l'imperi colonial espanyol, que va traumatitzar tota la Generació del 98.

Alfons XIII jura com a monarca constitucional amb només setze anys, el 17 de maig del 1902.

El 31 de maig del 1906, en plena desfilada de noces, va ser objecte d'un atemptat, protagonitzat per Mateo del Morral.

L'inici del seu regnat va coincidir amb un canvi generacional dels partits dinàstics, i un cop desapareguts els principals dirigents dels dos partits (Cánovas i Sagasta), la renovació va anar a càrrec d'Antonio Maura (conservador) i José Canalejas (liberal).

Es va mantenir neutral en la I Guerra Mundial (1914-18) i així va afavorir el creixement econòmic, però també l'agitació social (vagues, nacionalismes...).

✔ **LA DICTADURA.** El 13 de setembre del 1923, el general Miguel Primo de Rivera va fer un cop d'estat, que va tenir el suport del rei. La dictadura va durar fins al 30 de gener del 1930.

✔ **LA REPÚBLICA.** Tots els partits lluitaven units contra la monarquia i en les eleccions municipals del 13 d'abril del 1931 van triomfar els socialistes i republicans. L'endemà, es va proclamar la Segona República, i Alfons XIII va abandonar Espanya.

Alfons XIII

Crema Pond's, camamilla i llet infantil

Victòria Eugènia marcarà època a la cort espanyola. Dins de palau i fora. Comença per arraconar l'encarcarament que Maria Cristina havia imposat a la vida de la família reial. Els horaris es relaxen. Tornen les festes i cada nit hi ha projecció de cinema. Especialment *westerns*, que és el gènere que agrada al rei (a banda de la pornografia). Davant dels ciutadans aconsegueix convertir-se en referent de modernitat. Se'n surt de reintroduir entre les dones l'hàbit de maquillar-se i sobreviu a l'escàndol d'ensenyar cuixa a la platja. Però llepa fort quan gosa fumar en públic o quan es nega a acompanyar Alfons XIII a les curses de braus perquè no suporta el martiri dels animals. Els detractors li acabaran dient *La Pava Real.* Però ningú li pot treure el mèrit d'haver estat pionera en la publicitat. Quaranta anys abans que Joan Carles, Sofia, Elena i Cristina anunciïn llet a l'Iraq i Jordània, Victòria Eugènia ja anuncia les cremes de bellesa Pond's a tot Europa.

Ni Alfons XIII ni els lectors de l'*ABC* van tenir mal gust. Victòria Eugènia Júlia Enna de Battenberg (Enna per a la família) és, als disset anys, una noia d'exquisides formes, bell rostre i llarga cabellera rossa. Té una severa i excel·lent educació. Parla correctament francès i alemany, a banda de la llengua materna, i està dotada d'un especial sentit de l'humor malgrat haver crescut en la rigidesa de la cort victoriana. Serà al País Basc francès, a Biarritz, on la parella formalitzarà oficialment el seu festeig. Abans, però, Eduard VII i Alfons XIII tenen una xerrada en privat en la qual el monarca anglès l'informa que la família de Hessen, a la qual pertany Enna de Battenberg, és castigada des de fa 200 anys per l'hemofília, malaltia de la qual la noia podria ser transmissora. L'hemofília és una malaltia hereditària que ataca els homes i es transmet per les dones, les quals —menys excepcions comptades— no la pateixen. Les ferides no cicatritzen, les pèrdues de sang es produeixen per causes insignificants, fins i tot per petites contusions o, simplement, en afaitar-se, i aleshores l'afectat pot morir d'una hemorràgia. L'àvia d'Enna, la reina Victòria d'Anglaterra, va ser-ne la introductora a la seva família i per successius matrimonis s'estén als trons de Rússia i Espanya. Alfons XIII formalitza la petició de mà i envia un telegrama a la seva mare:

Me he comprometido con Enna. Abrazos. Alfonso.

Els anuncis reals del segle passat; a dalt a l'esquerra els reis Sofia i Joan Carles, venent llet infantil en pols. Damunt d'aquestes línies la reina Enna, promocionant crema, i la filla d'aquesta última, posant per a la firma Camomila Intea.

Maria Cristina, coneixedora dels antecedents hemofílics d'Enna, havia intentat convèncer Alfons que desistís de l'emparellament, però les campanes de San Jerónimo el Real, de Madrid, repiquen a bodes el 31 de maig del 1906. La felicitat de la parella a la sortida de l'església és compartida pels súbdits que els aclamen mentre un luxós cotxe els passeja pels principals carrers madrilenys. Dels balcons i finestres cauen pomells de flors que festegen encara més el pas dels nuvis. Mateo Morral, un anarquista, també és entre la multitud que victoreja la parella reial, però el seu ram de flors porta un missatge mortal entre els pètals. Morral ha instal·lat un aparell explosiu dins del seu ram que esclata contra la carrossa que passeja els nuvis. L'atemptat desgracia la diada i fa vint morts i una vintena de ferits. La parella reial se salva de miracle. Alfons XIII no se n'està d'interpretar-ho a la seva manera:

> *Muchos son los que se casan a los veinte años, pero la verdad es que pocos podrán decir lo que yo: que se han casado en el mismo día que han nacido.*

Passat aquest mal tràngol, la parella reial se'n va a La Granja de San Ildefonso a gaudir de la lluna de mel. Durant els primers anys del matrimoni la parella és feliç i Enna porta alegria i nous costums a la cort. El rejoveniment venia bé després de l'encarcarament que havia imposat Maria Cristina primer i que després havia conservat Alfons XIII. Enna trenca la rigidesa d'horaris a la qual s'havien acostumat els estadants de palau, i s'organitza per desterrar l'avorriment nocturn i aconseguir que el rei passi més hores a casa (perquè, tot i la felicitat conjugal, el rei continua les seves visites a Julia Fons, cosa que no ha deixat ni durant el festeig ni durant els primers anys del matrimoni). La reina fa instal·lar un cinematògraf a la Sala de les Columnes. Entre les onze i les dotze de la nit hi ha projeccions cinematogràfiques, sobretot de *westerns*. Els nous aires que aporta la reina transcendeixen més enllà de palau. Enna vol ser l'espill de les dones de la seva època i del seu nou país, sobretot les de l'aristocràcia, les quals s'afanyen a emular els nous costums i les noves modes que ella introdueix. Trenca motlles, i quan decideix de restablir entre les dones l'hàbit de maquillar-se ho aconsegueix ràpidament i sense escarafalls. Tot al contrari va passar quan va voler trencar el tabú que existia sobre les dones fumadores. La seva gosadia de treure's un portacigarretes en públic i encendre una cigarreta va crear un cert malestar entre els prohoms de la cort, que va obligar el rei a intervenir.

El fet que la reina encengués una cigarreta en públic va ser un mal menor en relació amb l'escàndol que va aixecar a Sant Sebastià en les primeres vacances estiuenques que hi va anar a passar. El país encara vivia allunyat d'Europa i les modes que més s'hi estilaven entre la joventut no traspassaven els Pirineus. Enna, sense encomanar-se ni a Déu ni al diable, apareix a la platja de La Concha amb un vestit de bany d'allò més irreverent per a l'època que vivia el país. La reina s'ha posat un vestit de bany que deixa al descobert una part de la cama, cosa mai vista fins a aquell moment en una dona en un espai públic perquè la moral de l'època només permetia, per dir-ho d'alguna manera, que de la nou del coll en avall només poguessin quedar al descobert

els peus i els turmells. Tot i el guirigall que va provocar l'exposició parcial de les cames de la reina, no li va ser prohibit tornar a lluir aquell vestit de bany i la moda va fer desaparèixer pors i vergonyes i va arrelar entre les dones, fins i tot entre les més puritanes.

La modernitat d'Enna va fer que també fos pionera reial en el camp de la publicitat. La seva bellesa i el seu lloc privilegiat a la cort és el reclam que necessita una casa comercial que es dedica a la fabricació i venda de productes de cosmètica. La mateixa reina és qui escull el retrat que ha de divulgar la seva imatge, l'any 1926, al costat de la marca Pond's de cremes de bellesa i tria un quadre que li va fer el seu pintor preferit, l'hongarès Philip Laszlo. Els productes cosmètics que anuncia la reina són cremes de dia i de neteja de cutis. En l'anunci es destaca la seva característica de

> *belleza del norte, con cabellos de oro puro, complexión de rosa salvaje y ojos azules de malaquita.*

Per aquesta publicitat la reina s'embutxaca 5.000 dòlars de l'època. L'exemple publicitari d'Enna va ser seguit per la seva filla la infanta Maria Cristina, la imatge de la qual, al mateix any 1926, quan tenia 15 anys, apareix a les pàgines de diverses revistes del país (*El Hogar*, *Moda* i *La Esfera*) anunciant el producte Camomila Intea que fa que els cabells rossos siguin encara més rossos. Hi ha un fragment del text que acompanya la imatge de la infanta en l'anunci publicitari que no té pèrdua:

> *Pese a nuestra leyenda de mujeres de ojos negros y pelo como la endrina, cuando una española resulta rubia es dos veces guapa: una vez por ser española y otra por ser rubia.*

Cap a finals dels anys 60, quan encara l'actual príncep Felip no havia nascut, les imatges dels seus pares amb les infantes Elena i Cristina en braços omplien tanques publicitàries a l'Iraq i a Jordània fent publicitat de la llet esterilitzada per a nens i nenes Carnation. Sobre els seus caps, flotava un llarg eslògan en àrab:

> *El millor que pots oferir al teu fill: tendresa i Carnation, llet esterilitzada. La llet amb valor nutritiu complet, que ha aconseguit les majors vendes del món en llet evaporada.*

Més recentment, l'any 1998, Iñaki Urdangarín, quan era jugador del primer equip d'handbol del Barça i encara no s'havia casat amb la infanta Cristina, va fer d'home anunci per a la firma de robes d'esport Mizuno i també per a Cola-Cao. Jaime Peñafiel, a *El Mundo*, ironitzava sobre la faceta del gendre del rei:

> *La vulgaridad elevada al cubo: la infanta casada con un hombre anuncio.*

Aquells aires moderns i progressistes de la reina Victòria Eugènia topen, però, amb una de les grans afeccions del rei que és alhora la insígnia de les festes i tradicions del país: les curses de braus. Hi ha un sector del poble que no ha rebut amb bons ulls la nova reina i fins i tot l'anomena despectivament *La Pava Real* i el rei considera que la reina es faria més popular si l'acompanyés a les curses de braus que tot sovint ell ha de presidir. Enna, que també és obedient, malgrat que no li agraden les curses de braus, acata el suggeriment i troba una solució per ocultar la direcció de la seva mirada mentre a la plaça es martiritza l'animal: assisteix a les curses de braus equipada amb ulleres fosques. Amb la seva assistència, Enna ja ha fet feliç Alfons en un altre aspecte, més enllà de la bona i ardent relació sentimental i sexual que hi manté, la qual va pel camí de la procreació continuada.

En aquest camí, però, la reina fa alguna aturada, de tant en tant, per atendre el capellà Francisco Javier Vales Fraile, el qual, embogit pels encants de la reina i perdudament enamorat d'ella, acaba suïcidant-se l'any 1923.

El rei del "porno"

La luxúria del monarca Alfons XIII no té límits i aprofita el descobriment de l'època, el cinematògraf, per practicar un *voyeurisme* de luxe. Almenys en tres ocasions, es converteix en productor capitalista de pel·lícules pornogràfiques. Tot i la fri-

*Fotogrames extrets de les pel·lícules produïdes per Alfons XIII. A l'esquerra, una mostra d'*El ministro *i al costat, una altra d'*El confessor.

volitat que caracteritza el monarca, aquest no utilitza el cinematògraf que Enna de Battenberg fa instal·lar a palau per visionar aquelles pornogràfiques pel·lícules que produeix i d'altres que circulen pel mercat clandestí. Més aviat aprofita les hores de descans després de les llargues jornades de cacera per relaxar-se, juntament amb els seus més distingits convidats, per presenciar les estrenes, a porta tancada, dels films que per encàrrec seu dirigien els germans Ricard i Ramon Baños, pioners del cinema català.

Almenys tres pel·lícules porten el segell reial: *El ministro*, *El confesor* i *Consultorio de señoras*. Visionant aquests films es navega en un mar d'infidelitats entre membres de diferents classes socials, de relacions lèsbiques, *voyeurisme* i *ménages à trois*.

Es calcula que el cost pujava a unes 6.000 pessetes de l'època, les quals sortien de les butxaques del monarca, però en realitat qui exercia de productor executiu dels films no era el rei, sinó el seu primer ministre, Álvaro de Figueroa y Torres, el comte de Romanones. Els estudiosos sostenen que aquest era qui tenia cura de reclutar entre els prostíbuls barcelonins les actrius que es necessitaven per a les pel·lícules. Albert Gaset, operador cinematogràfic que va treballar per als germans Baños en les filmacions deia:

> *Les pel·lícules que podíem fer per a un rei, per exemple, no eren les mateixes que podíem fer per a un altre tipus de públic. Tot era diferent, es feien clandestinament.*

Alfons XIII

Set fills legítims i quatre de bastards

La felicitat de la parella Alfons XIII i Victòria Eugènia Enna de Battenberg dura només un any. Es comença a estroncar amb el naixement del primer fill i va de mal en pitjor a mesura que Enna va portant criatures al món, fins a set. El primogènit dels reis ha nascut mascle i li posen el mateix nom del pare. Però el vailet és hemofílic i Alfons XIII, lluny d'assumir que ja havia estat alertat d'aquesta possibilitat abans de contraure matrimoni amb Enna, li atribueix la causa de la seva desgràcia:

> *No me resigno a que mi heredero haya contraído una enfermedad que ha traído la família de mi mujer y no la mía. Sé que soy injusto. Lo reconozco, pero no puedo sentir de otra manera.*

Al fill se l'estima molt i segueix al peu de la lletra les indicacions mèdiques per contribuir a la seva guarició. Precisament per prescripció mèdica el nen passa la infància i l'adolescència allunyat de la cort, al palau de La Quinta, on es dedica a l'avicultura i a la cria de porcs. Una part de la població rebateja el petit Alfons com el *Porquerol de la Cort*.

Dida també per a un gran

A partir del naixement del petit Alfons, la parella reial redueix de manera dràstica les romàntiques sortides de palau i les alegres trobades amb amics. Enna cada vegada passa més hores sola i el rei, cada vegada més estones en companyia d'altres dones. La irlandesa Beatrice Noon, la coneix a casa. És la dida del seu fill i més endavant en serà la professora de piano. Quan queda prenyada, i per evitar escàndols, Alfons XIII l'acomiada i la noia es trasllada a París, on neix la seva filla i la del rei, Joana Alfonsa. No li posen el cognom Noon de la mare per tal de no deixar aquesta en ridícul. A Joana Alfonsa se li posa el cognom de Milán, nom que correspon a un dels títols d'Alfons XIII, també duc de Milà. El rei sent predilecció per Joana i el 1940, quan ja és a l'exili, se'l veu passejant pels carrers de Ginebra, a Suïssa, agafat del braç d'una noia jove de 24 anys, de la qual les males veus diuen que es tracta

Leandro Alfonso, un cop reconegut com a fill legítim d'Alfons XIII, posa per a la premsa amb una foto del seu pare. / EFE

d'una nova amant del rei exiliat. En realitat es tracta de la seva filla bastarda.

Les relacions amb Beatrice Noon alleugereixen els impulsos sexuals, però no garanteixen la successió a la Corona. Així és que, li agradi o no, el rei s'ha d'anar enllitegant de tant en tant amb Enna per intentar obtenir un hereu per al tron. En qüestió de sis anys neixen sis fills més, tres nois i quatre noies. El primer és Jaume. El nen és sa i això motiva un cert apropament de la parella, però que no fa que ell renunciï als plaers mundans que troba fora de palau al costat d'altres dones. Quan Jaume encara no ha complert quatre anys, pateix una doble mastoïditis que fa que els cirurgians hagin de trencar els ossos auditius del nen i queda sordmut.

La descendència reial segueix anant de mal borràs. El 1909 Enna pareix una filla, Beatriu, i aquell mateix any, en un intent d'obtenir descendència mascle, queda novament embarassada. El nen neix prematurament el 21 de maig del 1910 i mor aquell mateix dia. L'any següent neix Maria Cristina i l'altre, el 20 de juny de 1913, neix Joan, el pare de l'actual rei Joan Carles I, que és el primer fill mascle de la parella reial que neix sa. L'any següent, el 1914, neix el darrer fill d'Alfons XIII i d'Enna de Battenberg, Gonçal. Per Madrid circula una rondalla sobre la feina de la reina:

Un mes de placer, ocho meses de descanso y en marcha otra vez. Oh, qué vida es la vida de la reina de España.

En la manera d'educar els nens la parella també discrepa. Al rei li agrada que segueixin les directrius militars que tant l'apassionen a ell. Obliga els petits a aturar les classes en el moment en què es mana la "*Parada militar*" i els fa fer instrucció a tots, nenes incloses. Els col·loca *firmes* en una fila ben recta i els fa circular al so de *Los Voluntarios*. Qui s'equivoca en algun pas es guanya una gran bronca. Les protestes de la reina no l'immuten:

—Alfonso, por Dios, las chicas desfilando... ¡y con fusiles...! Una cosa tan poco femenina.

El duc de Toledo

El rei també troba refugi entre els enagos de la vedet de revista Celia Gámez, la qual triomfa als escenaris madrilenys amb el xotis del Pichi. Alfons XIII la fa actuar a palau per sentir-la més a cau d'orella:

Pichi es el chulo que castiga...

També ha fet diversos pelegrinatges clandestins cap a París, on es presenta com el duc de Toledo. En una ocasió un escriptor sudamericà que està escrivint una biografia sobre el rei demana que el monarca el rebi perquè li faciliti alguns detalls sobre la seva vida. El rei fa una ullada als textos que ja ha elaborat l'escriptor i en veure l'índex dels capítols i que n'hi ha un sobre *Los amores del monarca*, exclama:

> *¡Cómo!... Esto no puede ser. El Rey de España no tiene más amor que el de su esposa.*

L'escriptor el mira amb picardia i Alfons XIII, molt diplomàtic, aclareix:

> *Le insisto en lo dicho. Ahora... yo no sé si el duque de Toledo...*

La conquesta parisenca més sonada donarà al rei un altre fill bastard. La mare és Mélanie de Vilmoren, una dona molt bella, elegant i divertida que està casada amb el milionari Philippe de Vilmoren, amb el qual viu al castell de Cerrières, lloc molt freqüentat per la *jet set* de l'època.

L'otorino, l'excusa

Com que les escapades a París no poden ser tan freqüents com Alfons XIII i Mélanie voldrien, tots dos simulen una forta amistat que serveix d'excusa perquè el rei convidi Mélanie i Philippe als llocs d'estiueig de la família reial i també al palau. Però com que les visites de Mélanie a la cort tampoc poden ser massa excessives, el rei s'enginya una excusa per trobar-se amb ella a mig camí de París, multiplicant el nombre de visites que ordinàriament fa a un otorinolaringòleg de Bordeus. L'increment de visites a l'otorinolaringòleg de Bordeus deixa prenyada Mélanie i el 1915 neix un nen, Roger, el qual té molta semblança amb els Borbons i que amb el temps s'accentua. La relació del monarca amb Roger no és gaire estreta, però la del rei amb la mare de la criatura durarà fins a la mort de Mélanie, l'any 1937.

Estabilitat extraconjugal

Però l'amant més estable d'Alfons XIII és l'actriu Carmen Ruiz Moragas, la qual tot i haver consolidat una extraordinària carrera teatral deixa els escenaris el 1926 per dedicar-se exclusivament al rei. S'instal·la als afores de Madrid, a la Colonia Metropolitana Alfonso XIII, on aquell mateix any queda embarassada.

La nena Maria Teresa Alfonsa neix a Florència, on Carmen Ruiz Moragas ha anat a passar una temporada per evitar que els rumors

que circulen a la Colonia Metropolitana arribin a la cort. Després del naixement de la nena, la Moragas deixa passar un temps prudencial a Florència i torna amb la filla al seu domicili de Madrid, on continua rebent les visites del rei. L'any 1929 neix a Madrid un altre fill, Leandro Alfonso. L'idil·li es manté fins a la caiguda de la monarquia, el 1931, que porta el rei a l'exili. Alfons XIII assumeix en certa manera la paternitat dels dos fills que ha tingut amb l'artista dipositant a nom d'ells una suculenta quantitat de diners en un banc suís. Carmen Ruiz Moragas retorna als escenaris. L'exili significarà el trencament amb la Moragas i també l'adéu-siau d'Enna de Battenberg. Els reis fan el seu últim sopar junts el 14 d'abril al palau d'Oriente. Aquella nit Alfons XIII se'n va camí de l'exili i Enna i els fills es retroben amb ell a París el dia 17. Allà, Enna, coneixedora de les relacions extramatrimonials del seu marit, demostra que ja ha perdut la paciència que ha mantingut durant aquests anys i l'abandona, per sempre. El comiat és lapidari:

No quiero ver tu fea cara nunca más.

"¿Por qué tú sí y yo no?"

L'any 2002, l'editorial Esfera de los Libros va publicar el llibre *El Bastardo Real: memorias del hijo no reconocido de Alfonso XIII*, de Leandro Alfonso Ruiz Moragas, fill bastard d'Alfons XIII i de l'actriu Carmen Ruiz Moragas, i que convertí aquest personatge, retrat exacte del seu pare, en el borbó més cèlebre durant unes quantes setmanes.

A Leandro Alfonso, que es presenta com a fill d'Alfons XIII, germà de Joan III, oncle de Joan Carles I i oncle avi del futur rei, l'ha turmentat al llarg de la seva vida el fet de ser bastard no reconegut.

Del llibre, amb una introducció de Jaime Peñafiel, es poden treure moltes anècdotes i records. Per exemple les batalles nocturnes amb coixins quan estava a l'escola de vol realitzant les milícies universitàries, i en què destacava un personatge molt petit, conegut per La Mona, que passava com una exhalació, per damunt dels llits.

Ese señor, al que he querido mucho, era Jesús de Polanco. No he visto yo los huevos de mis hijos tantas veces como he visto los de Jesús de Polanco.

Aquest personatge, com hem dit més amunt turmentat per haver estat marginat de la família reial i que per superar-ho es conformaria amb un títol nobiliari o el Toisón de Oro, o les dues coses alhora, ha passat al llarg de la seva vida per moments quasi depressius per la seva injusta situació. Dels pocs consols que tenia un era anar fins al monestir d'El Escorial, baixar al panteó dels Infants i, dempeus davant la tomba de Joan d'Àustria, potser el bastard més conegut i reconegut de la història, es preguntava mentalment:

¿Por qué tú sí y yo no?

La generació perduda

Els que no van sortir als segells

Entre la sortida a corre-cuita per Cartagena d'Alfons XIII i l'arribada per tren i per Villaverde del futur Joan Carles I, una generació de possibles coronats es va quedar pel camí. De tots, els fills del rei Alfons són els que han plasmat més bé la història borbònica, i han fet bona la premonició de l'altre Alfons, el dotzè, que abans de morir havia fet jurar i perjurar a la reina Maria Cristina que el fill esperat, si era noi, es diria Ferran, per evitar la malastrugança d'un Alfons que hagués de lluir el número tretze. La regent no va fer cabal del desig del difunt, i així els van anar les coses.

Tot i les moltes negatives reials, les cròniques han demostrat que el darrer Alfons coronat coneixia les moltes possibilitats que hi havia que Enna de Battenberg fos portadora del gen hemofílic, i no va ser gens estrany que, en la tómbola, dos dels quatre fills mascles nascuts vius —entre el tercer i el quart en va néixer un de mort— heretessin la malaltia. Gonçal, el més jove i intel·ligent de tots —diuen que la reialesa espanyola s'hauria de remetre a Alfons X el Savi per trobar-ne alguna comparació possible— va morir d'un absurd accident automobilístic que li va produir una hemorràgia interna als dinou anys, al Tirol austríac, on va ser enterrat amb honors militars i gairebé l'haurien pogut amortallar de blanc virginal.

L'hereu, batejat amb el nom d'Alfons, va ser l'altre hemofílic. Poc després de néixer, seguint el costum de les monarquies castellanes —provinent d'antigues formes profilàctiques introduïdes per consellers jueus— de circumcidar els fills, es va actuar sobre el prepuci del nadó, i se'n va evidenciar el defecte. En pilotes, l'infant deixava clar que li seria difícil mantenir el títol de príncep d'Astúries. Però mai no va posar inconvenient a la renúncia, i fins i tot la va fer efectiva per escrit als vint-i-cinc anys, quan va decidir casar-se, el 1933, amb Edelmira Sampedro, filla d'uns terratinents sucrers anats a menys, *"decidido a seguir los impulsos del corazón"*. Alfons havia conegut Edelmira en una clínica de Lausana, i es va enamorar de l'esvelta bellesa cubana, i va iniciar-hi una relació, passada per l'església, basada en la bona vida i les aficions nocturnes, un tren de dispendi que l'infant no va poder mantenir i que va conduir la parella a una crispació perseverant fins a la separació i el posterior divorci, a l'Havana, el 1937. Però Alfons ja havia substituït la dona per una altra, l'escultural model Marta Rocafort, una ebúrnia cubana cap de trons amb la qual va contreure matrimoni civil i amb qui va mantenir una relació depravada, cosa que va portar Alfons XIII a retirar-li l'assignació econòmica que fins aleshores mensualment li remetia. La model, que s'havia ajuntat amb l'infant moguda per interessos, el va abandonar, i es van divorciar quan no feia ni quatre mesos que s'havien casat. Influït per un entorn cada vegada més desenfrenat, es va relacionar amb un actor secundari, de nom David Manners, i es va entestar a aconseguir el rècord Guinness de consum d'alcohol i opiacis. Intuint que la vida se li escapava, es va embolicar amb una cigarrera d'un club de Miami, Mildred Gaydon, amb la qual es disposava a casar-se quan, una nit, sortint del club on treballava Mildred, un accident de cotxe va posar fi a la seva vida.

Jaume, el segon dels infants, també va ser víctima de la malastrugança, ja que, havent nascut sa, una operació quirúrgica el va deixar sordmut amb tres anys. La re-

Jaume, el segon fill del Comte de Barcelona

núncia al tron era inqüestionable, quan "ni tan sols servia per posar-se al telèfon", malgrat que el comte de Romanones exclamés allò de:

> *Don Jaime es la mayor garantía de un desempeño eficaz de las funciones regias: un rey que ni oye ni puede hablar es un rey perfecto. ¿Qué más podemos desear?*

Alt i ben plantat, fins i tot intel·ligent, va viure una joventut tancada en la solitud. Amb tot, durant els primers anys de la joventut va mantenir dos amors intensos però contrariats, en què l'infant

> *buscaba en algunas mujeres a una madre casi más que a una esposa.*

Una cobdiciosa família de segon nivell aristocràtic va veure la possibilitat d'un "bon casament", i es va convenir la boda de Manuela Dampierre amb Jaume, tot i l'oposició del papa Pius XI, que va advertir de les dificultats de l'enllaç. El casament va ser un fracàs, però de la parella van néixer els dos Borbó Dampierre cosins de Joan Carles i coneguts per altres fosques històries hereditàries. Escriu Vilallonga:

> *En aquella época se contaron verdaderos horrores sobre lo que fue el viaje de bodas de los recién casados. Los apetitos sexuales de Don Jaime eran de un género que espantaban a su esposa, que se enclaustraba en sus apartamentos pidiendo socorro por teléfono.*

La parella va viure pràcticament separada, i d'aquesta manera Dampierre podia cultivar l'amistat amb Tonino Sozzani, una relació que va fer afirmar a l'infant:

> *A pesar de mi dignidad, tuve que resignarme a aceptar, en aras de un decoro aparente, las relaciones más que sospechosas de mi mujer con su amigo.*

I és que el Borbó era sordmut, però tenia molt bona vista. El 1947 la parella es va divorciar, i poc després l'infant es va casar amb Carlota Tiedemann, una prussiana cantant de cabaret completament alcoholitzada amb qui va mantenir una relació molt tensa i a la qual fins i tot va trobar al llit amb un oriental molt atlètic fent exercicis més que gimnàstics. El març de 1975, a París, Jaume i la robusta prussiana, amb una borratxera antològica, protagonitzen una baralla impressionant que s'acaba quan la Tiedemann colpeja amb contundència amb una ampolla de ginebra el seu marit al cap, i li produeix una fractura de crani que, juntament amb l'inconvenient del viatge a una clínica suïssa, conduirà a la mort del Borbó a Saint-Gallen, dos dies després.

Aquí, un breu apunt sobre els dos fills de Jaume i Manuela, Alfons i Gonçal, potser els més legítims hereus d'Alfons XIII. Els dos germans, molt units des de la infantesa, van rivalitzar en protagonisme a les revistes roses, amb un rerefons polític molt conspiratiu, mogut pels més franquistes que Franco que van intentar fer valer uns suposats drets hereditaris per restaurar la monarquia en la persona del "*monarca del Movimiento*", com van titular Alfons Borbó Dampierre, sobre-

tot a partir del seu casament amb Carmencita, la néta predilecta del dictador. Alfons i Gonçal van ser dos autèntics *playboys*, i la suma d'actrius, cantants, noies de casa bona i aristòcrates que es van passar per la mola podria omplir un harem ben assortit. La llista podria començar amb Maria Gabriela de Savoia, que el mateix Alfons va *heretar* del seu cosí Joan Carles, i en destacarien noms com Eleonor Rossi-Drago, Marilú Tolo, Constança d'Habsburg i la bellíssima Mirta Miller, entre les alfonsines, i Carmen Harto, la torejadora Sandra Lee —de qui va tenir una filla reconeguda, Estefania—, Mercedes Lícer, que havia sortit despullada a *Interviú*, i la rica italiana Emanuela Pratolongo, entre les gonçalines. Alfons i Gonçal van compartir, entre moltes coses, la tràgica crònica de la mort a deshora.

De les dues filles d'Alfons XIII, una de morena i una de rossa, podria parlar-se de sort matrimonial ben diversa. Amb l'ombra del dubte sobre la possibilitat que fossin portadores del gen hemofílic, a més de la pèrdua de la corona règia del pare, van sortir molt devaluades al mercat matrimonial monàrquic. Alfons XIII els va recordar contínuament l'experiència de la malaltia hereditària, i tot plegat va frenar les seves relacions, fins que van trobar sortida en la nova aristocràcia, no sanguínia sinó econòmica. Beatriu, amb el pes de la mort del germà en accident, en què ella conduïa el cotxe amb una certa frivolitat, va demanar al pare permís per casar-se amb Alejandro Torlonia, que havia conegut a Òstia, i arran de la negativa paterna va amenaçar de recloure's en un convent de clausura, cosa que va fer reconsiderar la decisió a Alfons XIII. El financer Torlonia era un personatge de reputació discutible i de fortuna procedent d'un passat relacionat amb les màfies de Brooklyn, que havia rebut del Vaticà, com a pagament de favors financers, el títol de príncep de Civitella-Cesi. La filla primogènita d'aquest casament, Sandra, es va escapar de casa per casar-se amb el comte Lequio, amb qui va tenir un fill força conegut en les actuals cròniques roses.

Maria Cristina va ser obligada a mantenir-se soltera mentre el príncep d'Astúries no hagués assegurat la continuïtat de la línia successòria —*"aguanta, nena, hasta que Juan sea padre un par de veces: es tu deber"*, li deia el seu pare— i, complert el compromís quan Joan ja havia tingut tres fills, va contreure matrimoni amb Enrico Marone, propietari del famós Cinzano. Poc abans del casament, el rei Víctor Manuel d'Itàlia va concedir a Marone el títol de comte. Ha estat un matrimoni feliç i la mateixa Maria Cristina escrivia a una amiga:

> *En ese matrimonio, en contraste con otros, donde fue más el ruido que las nueces, éstas han tenido más importancia que el ruido y, la verdad, yo prefiero las nueces.*

Joan de Borbó és l'únic personatge de la història espanyola fill de rei i pare de rei sense haver estat rei. Home de taverna i d'amors anònims i fugaços, el deure monàrquic el porta prop de Maria de Savoia —"*la pieza codiciada*", segons De la Cierva—, filla de Víctor Manuel III. Els Borbó Orleans tenen dues filles casadores que resulten més assequibles, i Esperança és la triada. Però Alfons XIII havia convertit el tema de l'hemofília i la descendència en una qüestió obsessionant, i vol la garantia d'unes proves mèdiques, de mal resultat per a les aspiracions de la família del nuvi. Es decideix tirar enrere el futur compromís i, com després recordaria la mateixa interessada, la història sempre es burla del desig: casada Esperança amb el príncep del Brasil, Pere d'Orleans, va tenir sis fills perfectament sans. Joan, seguint la relació amb els Borbó Orleans, pensa que Maria Mercè pot ser una bona elecció i, contra algunes insinuacions posteriors d'altres aristocràcies europees, fa famosa la frase:

> *A pesar de algunas insistencias, me quedo con la española conocida y, además, la quiero.*

Amb tot, el mateix De la Cierva insisteix:

> *La vida privada de Don Juan no tuvo nada de ejemplar y el conde de Barcelona vivió su vida tan intensamente como Carlos de Inglaterra; la diferencia es que doña María de las Mercedes demostró hasta el final un aguante, un espíritu de sacrificio por la corona y una categoría personal que, en ese aspecto, Don Juan no poseía.*

De Joan no es coneixen gaires aficions al *borboneig sexual*, i si en va practicar va ser amb una privacitat absoluta. El seu casament amb Maria Mercè va aparentar una gran correcció, i les dèries més aviat es van moure en el regne de les copes. L'única amistat de Joan amb els Franco va ser amb Nicolás, quan exercia d'ambaixador a Portugal, que explicava al seu germà:

> *Me encuentro con Don Juan frecuentemente, porque me gusta beber buen whisky.*

A Estoril eren famosos dos combinats: l'*Old Fashion de Doña María* (whisky canadenc, un terròs de sucre, unes gotes d'angostura, rodanxes de taronja i llimona, gel i una cirera) i el *Dry Martini medida de Rey* (dos terços de ginebra, un terç de vermut, unes gotes de whisky i molt de gel), que era el preferit de Joan. De tots els germans, el comte de Barcelona és el va viure més com un rei.

JOAN CARLES I

Entre la teòrica educativa i la pràctica amatòria

Per un estrany acord mai no escrit, parlar de la vida privada del rei ha estat tabú. L'article 56 de la Constitució sentencia que "la persona del Rei és inviolable i no està subjecta a responsabilitat" i la Casa Reial ha vetllat per evitar "notícies inconvenients". Amb tot, avui la monarquia és consolidada per poder parlar de les històries del rei en pijama, fins i tot sense pijama.

El segon dels fills, primer mascle, de Joan i Maria Mercè, neix a Roma el 5 de gener del 1938 i serà conegut per família i amics com *Juanito*. Passa la infància canviant de dormitoris, entre Itàlia, Suïssa i Portugal, en hotels, residències o centres d'estudis, motivat pels avatars d'una vida paterna destinada a mantenir a l'exili les reivindicacions de la corona. Quan la família s'instal·la a Estoril, Juanito continua amb les maletes fetes, obligat per uns estudis per als quals necessita un sobreesforç. Les estades a Estoril són un alliberament i li donen possibilitats d'esbarjo. Juga amb el seu germà Alfons i es relaciona amb un munt de famílies reials a l'atur, que habiten els palauets del barri del Monte. Entre la noblesa exiliada hi ha els Savoia italians. Amb les tres filles d'Humbert juguen a pares i mares i Juanito comença una relació amb la mitjana, Maria Gabriela, que els portarà a futures intimitats.

La llei de successió de Franco aprovada per les Corts el 6 de juliol del 1947 configura Espanya com una monarquia en què el general proposarà qui el succeirà a títol de rei o regent. Els partidaris de Don Joan, contrariats, fan públic el Manifest d'Estoril, contra les pretensions franquistes. Amb tot, per assegurar la restauració, el Borbó s'avé a negociar amb Franco i, en una entrevista a alta mar, neix el compromís d'un programa d'estudis de Juanito a Espanya, que comença el novembre de 1948 a Las Jarrillas, retorna el curs següent al portuguès Malmequer i continua al donostiarra Miramar. En les estades a Estoril, l'estudiant fa les primeres escapades a la *boîte* Ronda, on es procura les primeres xicotes i desperta les primeres passions, amb la belga Chantal i una tal Viky. Reforça lligams amb Maria Gabriela, que es converteix en la parella oficial.

L'accidentada mort de l'infant Alfons, el dijous sant del 1956, a Villa Giralda, és un cop dur per a tota la família. Don Joan està trasbalsat i mai no va perdonar a Juanito l'irresponsable joc amb la pistola automàtica. La mare, Maria Mercè, va ser tractada d'una depressió a Alemanya i els germans van quedar molt commoguts. La relació de Joan Carles amb Maria Gabriela també queda afectada i el futur rei es planteja renunciar als drets successoris i considera l'ingrés en un orde religiós o fer-se cartoixà.

Descapotables

Reprèn els estudis a l'Acadèmia Militar de Saragossa i, fugint del drama familiar, s'abandona als plaers de la vida mundana. En aquesta etapa té un paper capital Antonio García Trevijano, notari a Albarracín. Les nits de cap de setmana es converteixen en jornades de vi i roses, lluint el Pegaso descapotable de Toño Trevijano i l'escultural veneçolana Cuqui, també bastant descapotable. És l'època en què coneix la comtessa Olghina Robiland. Mantindran un apassionat idil·li que durarà més de tres anys i omplirà pàgines a diaris i revistes. Conserva, però, la relació amb Maria Gabriela i fins i tot té una fotografia seva presidint la tauleta de nit, foto que desapareix quan el duc de La Torre, director de l'Acadèmia, li ho recomana.

No sea que el Caudillo se disgustara si viniera a visitar la academia.

Franco no veia amb bons ulls la relació amb la filla d'un Savoia *"con fama de homosexual"*. Entre savoies i olghines, l'estada al *Juan Sebastián Elcano* va donar per un sonat afer amb una ballarina brasilera, relació que es va prolongar amb l'enviament d'unes dese-

nes de cartes, fent servir la representació diplomàtica a Rio. Juanito s'estranyava molt de no rebre'n contesta, després de la fogositat de les primeres sessions, fins que un dia va ser cridat a El Pardo. "*Basta ya de aventuras*", va dir Franco. I va posar sobre la taula el feix de cartes d'amor. Les interceptava l'ambaixador espanyol. Això d'escriure li portaria un disgust molt més famós, que va acabar amb l'obra amatòria publicada, després d'una rocambolesca història que va fer córrer influències i diners. La relació amb la comtessa italiana va generar un reguitzell de cartes:

> *Esta noche en mi cama he pensado que estaba besándote, pero me he dado cuenta que no eras tú, sino una simple almohada, arrugada y con mal olor…* [Març 1957]

> *Te quiero más que a nadie ahora mismo, pero comprendo, y además es mi obligación, que no puedo casarme contigo y por eso tengo que pensar en otra.* [Maig 1957]

L'any 1986 la Robiland va intentar vendre a Jaime Peñafiel 47 cartes, escrites entre 1956 i 1960. Espantat pel que li venia, i ben relacionat amb la monarquia, Peñafiel es posa en contacte amb Fernández Campo. Evitar-ne la publicació va costar vuit milions de pessetes a la Casa Reial. Amb tot, la italiana se n'havia guardat còpies i les va vendre a *Oggi* i *Interviú* —es diu que per 25 milions de pessetes—, que les van fer públiques. Però el moment pitjor va ser el 1991, quan Olghina Robiland va publicar unes escandaloses memòries amb el títol de *Sangue bleu* (en versió espanyola *Reina de corazones* de Grijalbo, 1993), on explicava detalls molt més sucosos. La relació ha tingut un punt fosc que la comtessa italiana tampoc no ha aclarit: la paternitat de Paola Robiland, nascuda a final del 1959 de pare desconegut. La revista italiana *Oggi* publicava, l'any 1988, un ampli reportatge, amb fotografia inclosa. Atribuïa al rei la paternitat. Deien que Olghina rebia diners de La Zarzuela per al manteniment de la filla, i ho avalaven amb la fotocòpia d'un xec signat pel rei. Fernández Campo va justificar el xec com una quantitat enviada pel rei a una amiga de qui sap que està en dificultats econòmiques. Olghina nega qualsevol relació amb la filtració de la notícia sobre Paola, però no aclareix l'entramat. Queda un interrogant que per a molts és més que una realitat. Al seu moment, els pares de la comtessa, Carlo di Robiland i Carolina de Kent, es van enfrontar a la filla amb la coartada de protegir el futur de la néta. Els tribunals, l'any 1962, van atorgar la custòdia de Paola als avis. Avui, Paola viu als Estats Units. És professora universitària i no vol saber res de la família.

Tornem a final dels cinquanta. Juanito no escarmenta. El seient del darrere del seu Volkswagen podria explicar moltes històries. Era el cotxe que utilitzava per als desplaçaments curts i per a les fogositats. La llarga relació amb Maria Gabriela de Savoia arriba a la fi i les passions amoroses de qui anava perdent el diminutiu d'infància se centren en una ballarina de flamenc, La Chunga, pur temperament apassionat, que deixa entreveure la relació als mitjans de comunicació. Al llindar dels vint-i-cinc anys, ha de fer front a la responsabilitat històrica i cercar una solució "políticament correcta" al futur familiar. És necessari donar serietat a la corona, evitar andanades dels falangistes antimonàrquics i posar fi a les suspicàcies del Caudillo, que havia donat ordres al comte de Ruiseñada.

> *Cultive usted a Alfonso* [de Borbón Dampierre], *porque si el hijo nos sale rana, como ha salido el padre, habrá de pensar en él para la sucesión.*

I algú recorda les aficions *celestinesques* de la reina Frederica de Grècia, preocupada per col·locar les seves filles. Joan Carles i Sofia s'havien conegut l'agost de 1954. La reina Frederica havia organitzat, al vaixell *Agamèmnon*, un creuer per la costa grega perquè els joves membres de les cases reials en coneguessin les meravelles i, durant 13 dies, intimessin. Però no passen de la coneixença. Ho diu Sofia, anys després:

> *Era muy divertido y bromista, un gamberro... pero personalmente, entre los dos no hubo nada de nada; no me sacó a bailar ni siquiera una vez.*

L'altre amor de Sofia

El 1958 coincideixen al castell alemany d'Althausen, al casament d'una filla dels ducs de Württemberg. Aquesta vegada van ballar, però res més. Sofia mantenia un romanç amb Harald de Noruega, relació que es va allargar dos anys i que va fer que Olav de Noruega i Pau de Grècia preparessin el compromís —el rei grec va tramitar la demanda de 50 milions de francs antics al parlament, com a dot—. Tot va anar en orris quan els grecs es van assabentar que Harald posava les banyes a Sofia —quina premonició!!— amb Sònia Haraldsen, filla d'una camisera d'Oslo. Al juny del 1960 els dos prínceps són a bastament fotografiats fent-se carantoines a Londres. De cop Harald torna a Oslo, sense acomiadar-se. Discuteix amb el rei Olav, i deixa clar que continuarà la relació amb la Haraldsen i que es casarà per amor. La possible parella reial es desfà i el príncep noruec aconseguirà sis anys després casar-se amb una noia que no pertany a la noblesa. L'escenari és a punt. La princesa grega necessita consol i el príncep espanyol acaba de saber que ha vingut al món una Paola de pare desconegut. La Setmana de Vela dels Jocs Olímpics de Roma congrega a Nàpols les famílies reials grega i espanyola. La reina Frederica convida els comtes de Barcelona a un sopar al vaixell *Polemistis* i, en una nit memorable, Joan Carles i Sofia es reconforten mútuament, fins al punt que la grega s'emporta el Borbó al bany i es tanca amb ell: el príncep, que s'havia deixat bigotis, en surt rasurat. Explicarà temps després la Reina:

> *Le hice sentar, le puse la toalla encima, como en las barberías. Cogí una maquinilla. Le levanté la nariz y se lo afeité. Él... se dejó.*

Ningú més era a la cambra de bany i no hi ha cap altra veu que pugui explicar si darrere la porta va caure alguna cosa més que el bigoti. Aquell estiu, la família grega fa vacances a Escòcia. Sofia rep una postal de Madrid:

Querida Sofi: Pienso muchas veces en ti ¡Qué bien lo pasamos! ¿Cuándo volveremos a vernos? Te recuerdo mucho. Besos. Abrazos. Y mucho amor. Juan Carlos.

De la postal a una estada borbònica a Grècia hi va anar molt poc i Frederica va tenir molt clar que aquesta vegada no deixaria escapar l'oportunitat. "*La familia presionaba tanto que casi se estropea todo*", va declarar Sofia.

Bernardo Alonso, un amic íntim, va acompanyar Joan Carles a notificar-ho a Don Joan i aquest va abraçar el fill, com no ho havia fet des de la mort d'Alfons. El pare va estar molt content, i no pas perquè tingués en molta consideració la reialesa grega. Va intuir que la notícia no seria del gust de Franco —família de religió ortodoxa i pare maçó—. Don Joan es va reservar el dret de comunicar-ho al Caudillo i ho va fer mentre el general era de pesca amb l'*Azor*. Quan Franco va escoltar telefònicament la notícia va estar un parell de minuts sense articular paraula i, a l'altre cantó del fil, Don Joan va gaudir enormement. El 13 de setembre, a l'hotel Beau Rivage de Lausana, presidits per la reina Victòria Eugènia, es va anunciar el compromís. El Vaticà ha d'articular una sortida vàlida a una cerimònia entre una casa reial catòlica romana i una d'ortodoxa i el govern grec torna a debatre el dot de la núvia. La reina Frederica remena totes les cireres. Els prínceps fan escapades a Alemanya per festejar, sota l'atenta mirada de Juan Castañón de Mena, cap de la casa militar i autèntica carrabina de la parella. El 14 de maig del 1962 es casen, a Atenes. Després, un llarg viatge de nuvis els porta per mig món, a saludar les principals cases reials i els governants més poderosos. El febrer de l'any següent es van instal·lar a Madrid, a La Zarzuela, a prop d'El Pardo. Es va crear la Casa del Príncipe, dirigida pel duc d'Alburquerque, que aviat va ser substituït pel duet format pel marquès de Mondéjar i Alfonso Armada. Tot semblava destinat a dir que els prínceps van ser feliços i van menjar anissos, però no havia de transcórrer un any sense que comencessin a aparèixer a la premsa —estrangera, naturalment— les desavinences. Amb tot, Sofia va adquirir fama de ser una molt bona professional i Joan Carles va anar consolidant-se com un excel·lent Borbó. Els romanços de joventut eren lluny. En començaven d'altres.

Joan Carles I

Una reina molt preofessional i un rei molt Borbó

Els temps han canviat i queda lluny aquell juny del 1976, quan la revista *Cambio 16* s'atrevia a publicar una caricatura del rei vestit de frac i ballant claqué, per il·lustrar un viatge de la parella reial als Estats Units. El fet de caracteritzar el rei, sense més ni més, va ser motiu del segrest de la revista i d'expedient sancionador a l'editora per ofenses a la institució monàrquica. Era un dels últims espeternecs de la censura franquista i de la necessitat de mantenir un cinturó protector a l'entorn de la Casa Reial, com si la Revolució Francesa no hagués demostrat que allò de la *sang blava* no té res a veure amb la realitat i que els reis tenen els mateixos vicis i virtuts que els mortals. Al 1962, acabada la lluna de mel, els joves aristòcrates van compaginar la vida conjugal amb un atapeït programa fixat per Franco, amb la finalitat de conèixer el país. Era conegut l'antimonarquisme dels falangistes ortodoxos i la coincidència en aquest punt amb gent influïda per la propaganda antijoanista que havia practicat el franquisme. La parella no va ser gaire ben rebuda en algunes ciutats. Prop de Valladolid, els vilatans d'un poble ocupen la primera fila del carrer on ha de transcórrer el seguici i, quan és el moment, bombardegen a gust el cotxe dels prínceps amb patates. El ministre d'Agricultura, que els acompanya, està tan nerviós que Joan Carles el tranquil·litza:

> *Cálmese, señor ministro, a quien se las tiran es a mí, no a usted.*

A València les patates són substituïdes per tomàquets i un d'ells fa impacte als pantalons del príncep, que ni s'immuta:

> *Gajes del oficio, como hubiera dicho mi abuelo Don Alfonso XIII.*

Malgrat que somriu i aparenta felicitat, la parella comença a tenir desavinences. La premsa d'Atenes parla d'una possible separació, i la qüestió es comenta fins al Parlament, on el diputat Elias Bredimas pregunta què passaria amb el dot de la princesa si es trenqués el matrimoni. Mentrestant, començava l'operació Lolita, destinada a programar la substitució del cap d'Estat. El 1969 les Corts proclamen Joan Carles com a successor, amb títol de rei, i la parella rep la denominació de Prínceps d'Espanya. Joan de Borbó es disgusta per com es porta el procés i es

Una mostra de les primeres portades de revistes en què es ventilen a la llum pública alguns secrets reials, com la de Tribuna *del juliol del 1992, que revela què va fer el rei a Suïssa quan Rosa Conde va dir que no podia fer-ne comentaris.*

nega a agafar el telèfon quan, insistentment, li truca el seu fill per suavitzar la situació. El mes de novembre del 1975 es posa en marxa l'operació Lucero: Franco mor i Joan Carles assumeix la màxima autoritat. El 14 de maig del 1977 Joan de Borbó, convençut pel seu consell privat i gràcies a la gestió d'Adolfo Suárez, renuncia als drets i reconeix el fill com a monarca. En aquell moment Juanito assolirà la màxima aspiració d'un rei: viure com un rei. Les aventures del monarca són constants, gens exclusivistes i poc duradores. La televisió li desperta interessos especials, que soluciona fent-se presentar la femella clissada. La cosa acostuma a acabar com el rei desitja.

Sofia fa les maletes

Però tot té un límit, i a començament de 1976 es produeix la primera gran crisi matrimonial. Sofia fa les maletes, agafa els fills i marxa del país, després d'una dura discussió familiar. L'escapada és impossible d'amagar i s'inventa un sobtat viatge a Madràs, on resideix la reina mare Frederica, a causa del seu estat de salut. La gestió dels responsables de la Casa del Rei fa tornar les aigües a lloc, però Puig de Bellacasa cessa com a responsable de protocol i carrega les culpes de les filtracions que van convertir el secret reial en públic. Sofia esdevé una "gran professional", com la defineix el mateix rei en moltes ocasions. Aguanta el que sigui per raó d'Estat, a més d'assistir a les reunions privades de Joan Carles amb els seus col·laboradors, on diu la seva, fins a arribar a complicitats de govern amb Alfonso Armada i Sabino Fernández. No hi ha dubte que és filla d'una nissaga aristocràtica i que ha estat educada per ser reina.

Al llindar dels setanta amb els vuitanta es parla d'alguns capricis reials més llargs i sonats que els de costum, amb dues protagonistes de luxe: una rossa famosa, italiana amb deix característic, que presentava un programa televisiu, i una popular cantant espanyola a qui visita freqüentment amb moto. Fins on va arribar la relació amb Carmen Díez de Rivera forma part de l'enigma, però Paul Preston, en la biografia autoritzada del rei, afirma que van ser "amics molt íntims".

Una escapada nadalenca del rei a Gstaad, per esquiar i altres ocupacions, va tenir un final molt accidentat. Rellisca en una placa de gel, es fissura la pelvis i està a punt de costar-li un testicle. És atès d'urgència a Suïssa i traslladat ràpidament a Madrid. Sabino Fernández el rep i el saluda:

> *Señor, con todo respecto, he de decirle que un rey sólo puede tener ese lamentable aspecto si regresa de las cruzadas.*

La recuperació és llarga i dos anys després és intervingut per treballar-li el testicle, que perd en part. Per prescripció mèdica ha d'exposar les parts íntimes al sol, com a mesura terapèutica, o almenys això es va dir quan un *paparazzi* va aconseguir unes fotos del rei en pilota picada, a bord del *Fortuna*. Les fotografies van ser publicades a la revista italiana *Nouvelle 2000*. Causen un gran impacte, i originen diversos articles a la premsa espanyola. El reportatge es titulava *La joia més guardada de la corona espanyola* i el govern de Felipe González va estudiar la possibilitat d'emprendre accions legals contra la revista, però el ministre d'Afers Estrangers, Fernández Ordóñez, ho va desestimar:

> *Sólo hay una forma de evitar fotos como éstas; es no estar desnudo.*

Joan Carles continuava vivint com un rei. No en va el president socialista li havia dit:

> *Señor, no se preocupe de nada, nosotros nos ocuparemos de todo. Diviértase, Vuestra Majestad.*

L'inici de la copa del món d'atletisme, a Barcelona, va ser l'origen d'un dels rumors faldillers. Aquell 8 de setembre del 1989 s'havia d'aprofitar per inaugurar la remodelació de l'estadi de Montjuïc i l'acte era previst de transmetre's arreu, cosa que volien aprofitar els independentistes per fer sentir les seves reivindicacions. Tota la família reial havia d'ocupar la tribuna i així la reina i el príncep arriben al Prat i es traslladen a l'estadi. Però el rei triga més del compte i, a més, el seu vol prové de Roma, on havia embarcat procedent de l'illa de Sardenya. Es comenta

Més "secrets" del rei, com els embolics mallorquins i l'aventura amb Marta Gayà, omplen més portades.

que havia estat més temps del prudencial en un xalet de l'illa, enganxat als llençols d'un flonjo llit. Sabino Fernández es lamenta:

> *¿Cómo puede ser? Las televisiones de todo el mundo van a conectar a la hora exacta. ¡Qué imagen!*

Quan Joan Carles arriba, evidentment amb retard, el príncep Felip l'espera a la porta. *"Papá, ya está bien"*, escolten els més propers, mentre veuen els expressius moviments de braços del príncep. Aquell dia, la reina Sofia decideix apostar sense reserves a favor del seu fill i es compromet a ajudar-lo per agilitar l'accés a la corona. Un rumor generalitzat parla dels comentaris de Sabino Fernández a favor d'una abdicació pactada. Innocent, Sabino no sap que comença el seu compte enrere com a responsable de la Casa Reial. Paral·lelament, sorgeix el primer gran enfrontament entre Joan Carles i Sabino, generat per una qüestió de faldilles. El rei concedeix una entrevista a la periodista britànica Selina Scott, per a un reportatge televisiu, contra l'opinió dels responsables de la Casa Reial. Gravat i muntat el vídeo, Fernández Campo intenta censurar-ne l'emissió a l'Estat espanyol, però els esdeveniments juguen a la contra i el setmanari *Tiempo* el distribueix junt amb la revista i, poc després, TVE també l'emet. Quan es veu el reportatge, la gent pensa que no n'hi havia per tant, malgrat que el rei surt d'una manera desenfadada amb la periodista i fins i tot la tira a la piscina… evidentment, no es fa públic el drama que va acompanyar la

gravació, quan la reina Sofia va abandonar La Zarzuela enmig d'una entrevista, cansada d'aquella noia que, amb un conjunt de minifaldilles espatarrants, es passejava per palau com si fos a casa seva. La jove periodista havia aconseguit la gran exclusiva gràcies a la gestió del germà de Sofia, Constantí, i la va cultivar amb unes tendres mostres de simpatia cap al monarca. Com si es tractés de competir per la medalla d'or, l'any olímpic del 1992 és quan Joan Carles arriba al zènit del *borboneig*.

L'amant oficial

La història té nom propi i la revista francesa *Point de Vue* li dóna legalitat, fins al punt de convertir la decoradora catalana Marta Gayà en amant oficial del rei. Tot provenia d'uns primers contactes al *clan mallorquí* i de la relació amb José Luis de Vilallonga, bon amic de l'un i l'altra. L'esvelta Gayà, divorciada d'un empresari galeter, resideix tot l'any en un luxós xalet a la Mola, a l'illa de Mallorca. Des que es coneixen, al 1990, la parella passa junts molts caps de setmana i cada vegada són més freqüents les escapades per esquiar o navegar, passions que comparteixen, a més de la d'arrugar llençols. L'encapritxament del rei fa que abandoni moltes de les obligacions familiars i fins i tot les oficials. Les evasions del rei cada vegada són més patents, i falta sense excusa en actes protocol·laris i fins s'arriba a una suposada falsificació de signatura per poder publicar un decret al butlletí oficial mentre ell protagonitzava una de les seves escapades. El cas no té aturador. Felipe González es despenja amb un "*el rey no está*" i la sempre oportuna Rosa Conde diu que

> *razones de prudencia me impiden hacer comentarios sobre el viaje del rey.*

Fins i tot, el més fidel dels seus servidors, Sabino Fernández, s'atreveix a dir:

> *Lo que yo creo y se me ha dicho es que el rey está descansando, un descanso de montaña que le viene muy bien.*

La premsa espanyola, fins aleshores molt prudent, obre la veda i no hi ha diari que no hi dediqui espais. L'aventura amb Marta Gayà, massa llarga i intensa, és un problema.

Sofia protagonitza una escapada a Bolívia, on celebra en família el trentè aniversari del casament, sense el marit! Mentrestant, Joan Carles es refugia en els consells de Mario Conde, que acaba de complicar el panorama. Es parla de l'interès dels socialistes de deteriorar la figura reial, dels moviments de Sofia per accelerar la successió i es culpa de bocamolls la Casa Reial. Sabino Fernández és destituït, i li atorguen el títol de comte de Latores (nom del poble on havia nascut) i Joan Carles troba graciós explicar l'ocurrència del títol: de Latores... *delator es*. La crisi qüestiona la monarquia i Javier Ortiz escriu a *El Mundo*:

> *Si se dedica a mandar a su señora a los actos oficiales para él marcharse cada dos por tres de alegres vacaciones, y si además lo hace en el preciso momento en que el pueblo llano está pagando sus impuestos y se muestra más sensible a los dispendios del Estado, pues lo mismo va la gente y se cabrea, y le da por pensar que tal vez un presidente de la República podría salir más económico. No sería la primera vez que este país hiciera, por así decirlo, Borbón y cuenta nueva.*

Amb la premsa mobilitzada i l'entorn emprenyat, Joan Carles i la Gayà cerquen una sortida, que no transcendeix i que liquida definitivament el tema. Però encara faltava el capítol més escandalós.

D'un cristo a un rei

La relació amb la rossa actriu de Totana va ser molt llarga, si bé intermitent. Amb freqüència o amb displicència es va allargar més de deu anys, després que un dia els presentés Suárez, quan ella sortia d'un cristo. La noia murciana feia unes magnífiques paelles i el monarca hi sucava els dits abans de sucar altres coses. Però la noia era una autèntica col·leccionista i amb els anys va reunir un mostrari d'allò més complet de cintes de vídeo. A més, Joan Carles sempre ha tingut la llengua lleugera i, tot parlant, van restar gravades algunes confidències familiars i polítiques de gran perillositat; fins i tot amb comentaris del 23-F que haurien de figurar entre els secrets de la Casa Reial. Quan un dia de juny del 1994 les raons d'estat van imposar la fi del joc de rei a Rey, el monarca li va fer saber que allò s'havia acabat. Una bàrbara batussa va seguir al trencament i la noia va posar els vídeos sobre la taula. L'estira-i-arronsa va durar més de quatre anys i Joan Carles va recórrer a un dels seus amics més íntims, Manuel Prado, per intentar una solució en què no van faltar robatoris, xantatges, denúncies al jutjat, intervencions televisives i algunes maletes farcides de milions. I, per als pobres mortals que només ens queda l'enveja de contemplar aquelles perfectes cames tan llargues, la contemplació d'unes *Crónicas marcianas* on Ángel Cristo parlava de la seva *ex*.

> *Si esa señora ha sido capaz de chantajear a uno de los hombres más importantes de nuestro país, cómo no va a tratar de destruir a un pobre y humilde hombre de circo como yo.*

El darrer lliurament del serial se situava a l'entorn de quatre milions de dòlars.

El príncep Felip

Buscant la princesa ideal

Els testos s'assemblen a les olles. L'actual rei Joan Carles I ja ho tenia clar el 30 de gener del 1968 quan telefona al general Franco per fer-li saber que ha estat pare d'un nen.

—*¿Ha sido machote?*
—*Sí, mucho, mi general, como su padre.*

Trenta-sis anys després, en vigílies del casament de l'hereu, tot sembla indicar que aquell dia el rei no va mentir al general. El nen sembla tan "*machote*" com el pare. Felip de Borbó és el príncep contemporani amb voluntat de casar-se que més temps ha dedicat a provar, triar i remenar fins que s'ha decidit per la presentadora del Telediario. Des del 22 de maig passat només l'avantatja Albert de Mònaco, amb qui el príncep Felip ha estat comparat molt sovint. L'hereu de Rainier ja ha passat dels quaranta i d'ell encara no ha transcendit cap relació sentimental femenina seriosa. El fet que el príncep d'Astúries hagi trigat tant a anunciar el seu compromís —el pare es va casar als 24 anys, i l'avi, als 22— va fer disparar les especulacions sobre la seva vida sentimental. L'entorn monàrquic ha debatut llargament, en públic i en privat, l'obligatorietat o no de casar-se amb una dona de sang reial. Periòdicament s'han posat nerviosos quan les acompanyants habituals del príncep a les revistes del cor han estat models que tant podien lluir pit i cuixa en un anunci de biquinis, com acompanyar Felip en una sortida en barqueta per les Pitiüses o en una escapada al Carib. "*¿Crees que debes tener todas las ventajas de ser el príncipe de Asturias y ninguno de los inconvenientes?*", li va etzibar en diverses ocasions el seu avi, el comte de Barcelona. Sembla que el noi pensa que sí. Tots els avantatges i cap inconvenient. Ja l'any 1990, en unes declaracions que recull la revista *Tiempo*, explica que no se sent obligat a fer la recerca "*en un mercado de princesas casaderas muy limitado*". Als 36 anys, el futur Felip VI tancarà tractes amb una periodista divorciada, alta, prima i rossa, com a ell sempre li han agradat les dones. El nét del comte de Barcelona incompleix així la promesa que va fer al seu avi de casar-se amb una "igual".

Sembla que finalment la majoria dels monàrquics n'han prescindit i amb la perspectiva del casament respiren més tranquils. Per fi Felip és on ha de ser. En el camí d'assegurar la successió i deixar Albert de Mònaco líder de la solteria. La bona acceptació pública que ha tingut la promesa també els ajuda a portar el fet que la futura reina no tingui sang blava, ni hagi estat educada per portar amb dignitat la responsabilitat de la família borbònica. Durant anys els monàrquics han provat de facilitar la feina a Felip i han mirat de fer-lo de bo amb dotzenes de pubilles de les cases reials europees. A la dècada dels 90 Madrid va viure el desembarcament d'algunes princeses que, amb l'excusa de perfeccionar el castellà o ampliar els estudis, es van intentar posar a la línia de foc del príncep. Però Felip, malgrat el desig del comte de Barcelona, ha preferit fins al final treballar el planter del poble.

No me siento obligado a buscar esposa entre la nobleza europea. En absoluto. Por supuesto que me casaré por amor y con la mujer que me guste, de la cual me haya enamorado. Bueno... si ella quiere.

En principi té raó i es pot casar amb qui vulgui sigui quina sigui la condició social de l'escollida. Ha d'autoritzar-ho el rei i ratificar-ho les Corts. Ho diu la Constitució:

Art.57.1. La Corona de España es hereditaria en los sucesores de S.M. don Juan Carlos I de Borbón, legítimo heredero de la monarquía

histórica. La sucesión en el trono seguirá el orden regular de primogenitura y representación, siendo preferida siempre la línea anterior a las posteriores; en la misma línea, el grado más próximo al más remoto; en el mismo grado, el varón a la mujer, y en el mismo sexo la persona de más edad a la de menos.

Art.57.4. Aquellas personas que, teniendo derecho a la sucesión en el trono, contrajeran matrimonio contra la expresa prohibición del Rey y de las Cortes Generales, quedarán excluídas a la sucesión de la corona por sí y sus descendientes.

Nou concurs

L'interès dels monàrquics a casar l'hereu de Joan Carles amb una dona d'igual condició s'evidencia el 1997 quan la revista *Época* fa una enquesta per trobar la millor candidata d'entre les vuit princeses que proposava: Carolina de Waldburg, Marta Lluïsa de Noruega, Caterina d'Àustria, Flor de Württemberg, Maria Carolina de Borbó-Parma, Tatiana de Liechtenstein, Victòria de Borbó-Dues Sicílies i Victòria de Suècia. *Època* repetia així l'experiència que el 1905 ja va fer el diari *ABC* per buscar dona a Alfons XIII, besavi de Felip. En aquella ocasió, els lectors van triar l'anglesa Victòria Eugènia de Battenberg, que finalment va acabar convertint-se en la seva esposa. Però ara

¿QUIÉN SERÁ LA FUTURA REINA DE ESPAÑA?

Rememorando el concurso convocado por el diario ABC en 1905 con objeto de que los españoles eligieran qué princesa preferían como futura esposa de Alfonso XIII, en el que resultó vencedora Victoria Eugenia de Battenberg, EPOCA ofrece a sus lectores la oportunidad de que escojan a su candidata preferida en esta nueva ocasión. A tal fin se han seleccionado, como entonces, ocho jóvenes princesas europeas, que aparecen en esta página por el orden alfabético de sus nombres de pila, para que los lectores, a través de su voto, escojan a la que crean que reúne las mejores cualidades como futura esposa del Príncipe Felipe. Para ello, deben rellenar y recortar el cupón adjunto, que aparecerá semanalmente en las páginas de EPOCA, y enviarlo a la dirección indicada. Entre todos los participantes se sorteará el día 6 de enero de 1998, festividad de los Reyes Magos, un magnífico regalo que se dará a conocer próximamente.

Carolina de Waldburg
Hija del conde Gebhard de Waldburg-Wolfegg y de la baronesa Birgit de Eisenbach.

Catalina de Austria
Hija del archiduque Rodolfo de Austria y de Ana Gabriela, princesa de Wrede.

Flor de Wurtemberg
Hija del duque Karl, jefe de la Casa Wurtemberg y de la princesa Diana de Francia.

María Carolina de Borbón-Parma
Hija del príncipe Carlos Hugo de Borbón-Parma y de la princesa Irene de los Países Bajos.

Marta Luisa de Noruega
Hija de los reyes Harald V y Sonia de Noruega.

Tatiana de Liechtenstein
Hija del soberano Hans Adam II de Liechtenstein y de la princesa María.

Victoria de Borbón Dos Sicilias
Hija del Infante don Carlos de Borbón y de la princesa Ana de Francia.

Victoria de Suecia
Hija de los reyes Carlos Gustavo y Silvia de Suecia.

Rellene este boletín marcando con una cruz su candidata preferida y envíelo a la revista EPOCA, "Quién será la futura Reina de España", c/ Mesena, 83. 28033 Madrid

- Carolina de Waldburg
- Catalina de Austria
- Flor de Wurtemberg
- María Carolina de Borbón-Parma
- Marta Luisa de Noruega
- Tatiana de Liechtenstein
- Victoria de Borbón Dos Sicilias
- Victoria de Suecia

EPOCA

Nombre
Apellidos
Dirección
C. Postal Población
Provincia Teléfono

24/EPOCA EPOCA/25

El concurs que va organitzar Época *per buscar la reina, plagiat del de l'*ABC, *quan qui buscava xicota era Alfons XIII. A dalt, una petita mostra de portades dels amors principescos.*

era més difícil perquè el nen no estava per la feina. Es van rebre 33.804 butlletes. Més d'onze mil van assenyalar com a preferida Carolina de Waldburg (una arxiduquessa alemanya que porta a la sang barrejades les principals dinasties europees, inclosa la borbònica). La seguia Victòria de Borbó-Dues Sicílies (cosina segona del príncep d'Astúries). I la tercera predilecta era Victòria de Suècia (hereva al tron del seu país, que hauria d'abdicar per casar-se amb l'espanyol). L'enquesta la va encertar a mitges. Carolina i Felip van compartir delícies reials durant la tardor del 1997, mentre transcendia a l'opinió pública una falsa relació del príncep amb Caterina d'Habsburg, descendent de la mítica Sissí, que va accedir a fer de tapadora als enamorats. Carolina i Caterina eren molt amigues. Compartien pis a Madrid i compartien també el príncep. La primera l'acompanyava al llit; la segona, a les portades de les revistes. Carolina i Felip van suar junts al mateix gimnàs, a les pistes de Sierra Nevada i a les de les discoteques Pachá i Boom, on no era difícil admirar l'alemanya —rossa, alta i ben plantada— cremant adrenalina fins a les cinc de la matinada. Malgrat que *la Barbur* (així era com anomenaven Carolina els seus amics de Madrid) era una candidata perfecta entre els monàrquics més ortodoxos, gràcies al seu llinatge i a la immensa fortuna familiar, l'aventura alemanya va durar només uns pocs mesos. Segons la mare de la princesa, la pressió asfixiant de la premsa indignava Carolina, que va marxar a Alemanya:

> *Se va escapando de la amenaza de convertirse en una nueva Lady Di.*

De fet, pel mig es va creuar una model noruega, però això són figues d'un altre paner i tema del capítol següent. Pel que fa a la seva amiga de l'ànima, Caterina d'Habsburg —posseïdora d'un pedigrí i un currículum difícilment superable en un càsting reial—, va protagonitzar una de les relliscades més sonades de les revistes del cor. La suposada relació amb el príncep Felip —que hauria culminat amb la unió dels Borbons i els Àustria— era tan anhelada pels monàrquics i va aixecar tantes expectatives, que fins i tot el capellà de la catedral de l'Almudena, de Madrid, va manifestar que s'estava accelerant "amb molta il·lusió" la segona fase de les obres del temple. Un any i mig més tard, Caterina es va casar amb un arxiduc italià. Però no van ser ni Carolina de Waldburg ni Caterina d'Habsburgles princeses sobre les quals es van posar més expectatives. Tatiana de Liechtenstein, també rossa i alta, com *la Barbur*, però amb uns quants quilos de més al cos i a la butxaca, va ser la gran esperança blanca. Les dues cases reials ho van parlar, ho van intentar, però Felip va ser més tossut que tots ells. La revista *¡Hola!* la primavera del 1995 i la francesa *Point de Vue* la tardor del 1996 deien que l'anunci oficial del prometatge era imminent. I la portada d'*Época*, definitiva: "*Tatiana, la elegida*".

Tatiana, que s'havia format acadèmicament a Bèlgica i França, també es va traslladar a viure a Madrid, on es va matricular a l'European Business School per estudiar un màster internacional en ciències empresarials. Des del principi de la seva estada a la capital del regne, Tatiana i Felip van compartir amics, festes i reunions. I no gaire res més, tot i la insistència de les famílies, tal com ho manifestaven aquestes declaracions de fonts properes a la Casa Reial:

> *Als reis, especialment a la reina Sofia, els complau la candidatura de Tatiana, i així ho transmeten discretament al seu fill, és a dir, li indiquen que seria una esposa idònia, però en absolut la hi imposen com a dona. Consideren que, en la qüestió matrimonial, el príncep té l'última paraula. Per la seva banda, l'interès dels sobirans de Liechtenstein és patent; la prova és que envien la seva filla a estudiar a Espanya per familiaritzar-la amb el país per si es duia a terme el casament.*

Cansada del menyspreu del príncep, Tatiana declara finalment a uns periodistes francesos: "*No és cert que existeixi res entre el príncep Felip i jo. A més, no m'agrada*". Després d'això, va deixar penjat el màster que feia a Madrid quan encara li'n quedaven dos cursos, i va acabar l'especialització de la carrera a París, on va conèixer l'home amb qui es va acabar casant i que també es diu, casualment, Phillip. Victòria de Borbó-Dues Sicílies, Adelaida d'Orleans, Flor de Württemberg, Vanessa von Bismarck i Kalina de Bulgària, entre moltes d'altres, es van convertir, sense haver fet cap tipus de mèrit, en material per a les revistes del cor, que en una barroera competició per aconseguir l'exclusiva del prometatge del príncep no van tenir cap escrúpol a inventar-se relacions amb unes i altres. Només Carolina de Waldburg —entre les princeses— va poder gaudir de Felip el desitjat. I ell, malgrat tenir a mà un nombre més elevat de princeses que els seus antecessors, no ha volgut ser menys que la resta de prínceps europeus de la seva època. Gairebé tots ells han optat finalment per casar-se per amor amb la dona que han volgut, protagonitzant sorollosos escàndols al seu país. L'últim, i més sonat, el protagonitzat per un gran amic del príncep, l'hereu noruec Haakon, qui es va acabar casant amb una jove mare soltera que s'ho havia passat d'allò més bé durant la seva joventut. Les crítiques a aquesta relació van ser tan despietades que la noia va haver d'entonar un humiliant *mea culpa* i reconèixer públicament que estava "penedida" de la seva vida anterior. Unes imatges de la futura reina de Noruega de jove en una discoteca, en una suposada actitud lèsbica, van acabar d'esgotar la paciència dels noruecs, que també han hagut d'entendre que la germana de l'hereu, Marta Lluïsa, s'hagi casat amb un polèmic periodista. També sonat va ser el cas de Guillem d'Holanda, que va triar per esposa Máxima Zorreguieta, una atractiva argentina filla d'un exministre del general Videla. També és alta, prima i rossa. Com la majoria de les princeses del segle XXI.

EL PRÍNCEP FELIP

Trio de cors trencats

El príncep Felip ha estat envoltat sempre de dones atractives, i cada vegada que se l'ha vist acompanyat d'una bellesa s'han disparat les especulacions sobre el final de la seva solteria i sobre la idoneïtat de l'elecció. Seguint la tradició familiar, Felip ha tingut moltes amigues, però han estat tres (i Letizia, quatre) les que han marcat la seva vida amorosa: l'espanyola Isabel Sartorius, l'americana Giselle Howard i la noruega Eva Sannum.

Cap d'elles pertany a la reialesa però totes tenen una presència física espaterrant i totes quatre han treballat per pagar-se els estudis. Isabel i Letizia com a cambreres. Gigi i Eva com a models.

Isabel Sartorius, filla d'un marquès, neboda d'un comunista i descendent del metge privat d'Isabel II, passarà a la història dels Borbons com Isabel la soferta. Va arribar a la vida del príncep d'Astúries massa aviat. L'hereu de la corona només tenia 21 anys, encara no havia acabat els seus estudis de dret, continuava aixoplugat sota l'ala dels pares i no se li coneixien amigues íntimes. Isabel, amb 24 anys, ja era llicenciada en ciències polítiques, havia viatjat per mig món, vivia fora de casa des dels 18 anys i havia festejat durant tres anys amb el germà d'un dels millors amics del príncep. La primera vegada que els seus noms es van associar va ser l'estiu del 1989. Un *paparazzi* els va enxampar posant-se cremeta i donant-se el bec a la coberta d'una barca en aigües de l'illa de Cabrera. A partir de llavors, i a causa de la inaccessibilitat del príncep, la vida privada d'Isabel Sartorius i la de la seva família va ser airejada sense cap tipus d'escrúpol. Durant uns quants anys, no va poder sortir de casa seva sense que les càmeres dels fotògrafs en deixessin constància. Com a senyal de protesta s'amagava el rostre darrere una carpeta on lluïa un adhesiu: *"toy agobiao"*.

La parella es va conèixer un mes abans d'aquelles tendres fotografies, en una conferència a Madrid. L'enamorament va ser fulminant. Cap dels dos va poder evitar que les revistes del cor els perseguissin dia i nit i actuessin de notaris de la seva relació, desfermant les posicions a favor i en contra d'Isabel. Malgrat la persecució a la qual van ser sotmesos, hi ha poques fotografies on se'ls pugui veure junts. Isabel Sartorius es va convertir en una experta a despistar periodistes. Una de les seves tàctiques preferides era arribar en taxi a uns grans magatzems, entrar, sortir ràpidament per una altra porta i fugir dins d'un altre taxi sense donar temps als fotògrafs a reaccionar. La seva obsessió va arribar a tal extrem que es va aprendre de memòria els noms i les cares dels periodistes que escrivien sobre ella. En coneixia fins i tot alguns que no havia vist mai, gràcies a l'ajut dels agents de seguretat del príncep, que li van facilitar fotocòpies dels seus documents d'identitat. Alguns d'aquests papers van ser rescatats temps després a les escombraries de casa seva, juntament amb la seva agenda personal i fotografies d'ella i el príncep. En aquells moments la parella ja havia trencat, Isabel estava en plenes mudances i els periodistes furgaven en tot el que tenia relació amb ella. Fins i tot en les seves deixalles.

La relació entre la parella i la premsa va donar lloc a un munt d'anècdotes mentre les relacions familiars s'anaven estrenyent. Isabel intimava amb la família del príncep i acomiadava amb ells l'any 1989 des de La Zarzuela. Alguns caps de setmana el príncep descansava en una finca campestre de la família Sartorius a Peraleda de Mata, i compartia amb ells moments tan íntims com la missa del diumenge. La parella va viure un any 1990 plàcid en què les trobades amoroses es comptaven fins a cinc setmanals. Les coses es van començar a tòrcer un any després.

El trio de cors trencats: Isabel Sartorius, Giselle Howard i Eva Sannum.

L'assetjament a què estava sotmesa Isabel era ferotge. Per trencar-lo s'havia hagut d'amagar en maleters de cotxes. La premsa continua el degoteig d'informacions, sobretot suposats *draps bruts* com les anteriors relacions sentimentals d'Isabel. Es ressuscita una vella història sobreseguda judicialment des de feia anys per implicar la seva família amb el tràfic de drogues.

El refredament va ser inevitable. La pressió a què va estar sotmesa Isabel Sartorius la va dur a donar un ultimàtum al príncep. O es feia públic un compromís entre tots dos, o la història s'acabava. El comunicat de la Casa Reial no va arribar mai. Tots dos decideixen separar-se. Isabel se'n va un any a Londres, on fins i tot se li atribueix una aventura amb el príncep Carles. A poc a poc la premsa s'oblida d'ella, però torna a reaparèixer espectacularment el 1996, quan anuncia el seu fals casament amb un amic del príncep. Poc després dóna a llum una nena i les especulacions sobre la paternitat de la petita es disparen. El suposat pare, el fals marit i amic del príncep Javier Soto, no la inscriu al registre civil amb el seu cognom fins molts mesos després del seu naixement.

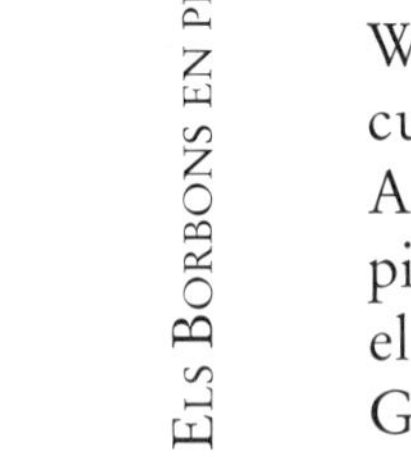

Felip decideix fer les Amèriques i marxa a Washington a fer un curs de postgrau. Allà comparteix pis i aventures amb el seu cosí Pau de Grècia, i es diverteix amb diverses noies, entre elles la mexicana Viviana Corcuera. Però no és fins que viatja a Nova York per assistir a una exposició de Tàpies al museu Guggenheim que coneix la dona que l'ajudarà a oblidar Sartorius, la model Giselle

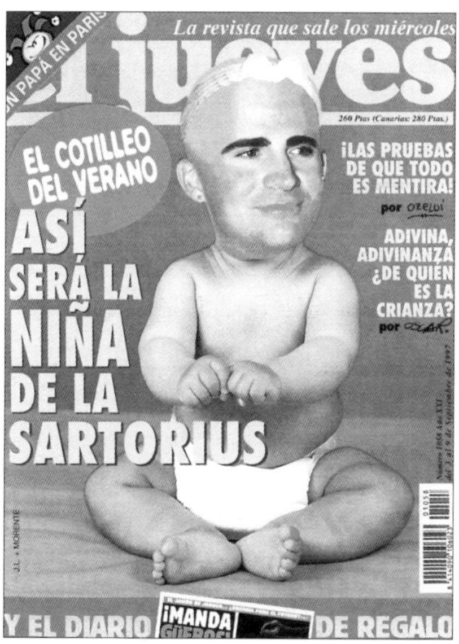

Les històries amoroses del príncep han omplert un munt de revistes.

Gigi Howard. Malgrat que ella viu a Nova York i ell a Washington, la parella es veu sempre que pot i no s'està de res. Sopen als restaurants preferits de l'alta societat i se'ls veu als millors locals de la Cinquena Avinguda. També en aquesta ocasió les càmeres dels fotògrafs donen testimoni de les aventures del príncep, i fins i tot el posen en un seriós compromís durant les vacances de Setmana Santa del 1995. Segons un comunicat de la Casa Reial, el príncep es quedava als EUA preparant els exàmens, però la veritat va ser molt diferent. Quan se'l suposava amb els colzes enganxats a la taula d'estudi, el príncep era al Carib amb les mans enganxades a la model. Els acompanyaven el grec amb la seva parella i un grup d'amics. I un inesperat *paparazzi*, que va fer les fotos més tendres que s'han vist mai del príncep amb una dona. Posteriorment, aquest fotògraf va ser empresonat acusat d'escoltes il·legals a la xicota del príncep, en un cas que va sortir a les portades dels principals diaris americans i que va començar com una suposada i falsa trama de conspiració d'atemptat contra Felip. El cas de les escoltes telefòniques no va quedar mai provat, i sempre va quedar el dubte de si la casa reial espanyola estava al darrere d'aquest misteriós cas, cansada del seguiment periodístic a l'hereu. L'aventura americana no acaba quan Felip torna a l'Estat espanyol amb el títol de postgrau sota el braç. Gigi viatja a Madrid en diverses ocasions, s'allotja a casa d'amics del príncep i no falten els dinars a La Zarzuela. Però tampoc en aquesta ocasió la cosa va bé. L'estiu del 1996 les revistes publiquen les imatges de la nova parella de la model. Un any després, el 1997, es torna a tenir coneixement d'una relació del príncep, aquesta vegada amb la model noruega Eva Sannum. La parella es coneix gràcies al fet que un dels amics de Felip és propietari d'una coneguda agència de models, i des del mateix moment que són presentats, durant un sopar en un restaurant mexicà de la capital espanyola, es fan inseparables. Però igual com va passar amb Isabel Sartorius i, en menor grau, a causa de la distància, amb Gigi Howard, els periodistes no els ho posen gaire fàcil, i en part gràcies a les filtracions que es produeixen des de dins mateix del seu cercle més íntim d'amistats. Hi ha fotos de la parella ja en aquest primer sopar mexicà, i mentre compartien carícies, l'endemà mateix, en el xalet d'un dels millors amics del príncep. Però de cop i volta, i de la mateixa manera que havia aparegut, Eva s'esvaeix. Malgrat que tot fa pensar que es tracta d'una aventura passatgera, la parella continua veient-se d'amagat, però això no és descobert per la premsa i, per tant, per tothom, fins gairebé dos anys després. Es disparen veus d'alarma, perquè Eva no agrada a ningú dels monàrquics i es torna a relacionar el príncep amb altres noies.

La revista francesa *Point de Vue* assenyala Adelaida d'Orleans com la futura reina d'Espanya, i amb motiu d'una estada de cinc setmanes a Brussel·les, se'l relaciona també amb Sofia Ullen, neboda dels reis de Noruega. Res de res. El príncep, cansat que tothom es fiqui en la seva vida i enamorat de la model noruega, no dubta a mostrar el seu amor per mig món. Se'ls veu junts a Mallorca, a Oslo, a les illes Barbados, a París i a l'Índia, i les fotografies d'alguns d'aquests viatges apareixen a les portades de totes les revistes, cosa que acaba d'encendre els ànims dels monàrquics i del mateix rei Joan Carles, que mai va aprovar aquesta relació. Però vista la insistència de l'hereu, la Casa Reial decideix començar a construir-li la seva casa, valorada en més de mil milions de pessetes. La model va visitar en diverses ocasions les obres, que no li van agradar gaire. Per primera vegada, a la Casa Reial no li queda més remei que confirmar que Felip i Eva "són amics".

La primera aparició pública i en un acte oficial de la parella es produeix durant el casament del príncep noruec Haakon, on tothom els pot veure junts. Malgrat que ella està espectacular amb un vestit de color blau elèctric, els seus detractors més despietats aprofiten l'exagerat escot per cometre l'última envestida. Els esforços de la noia, que ha deixat la seva professió de model, està estudiant castellà i s'ha passat al catolicisme, no compten per a res. El rei ja en té la pipa plena, es planta i, per mitjà del cap de la Casa Reial, Fernando Almansa, fa saber al príncep que la relació no pot continuar. Unes setmanes abans del Nadal del 2001, i durant una trobada amb la premsa, Felip comunica que ell i Eva ho han deixat de mutu acord. Eva s'allunya definitivament del tron. Almansa, també, ja que poc després és desplaçat de les seves responsabilitats. Però mentre aquesta ocasió arriba, el príncep no perd el temps de passar-s'ho bé. Des de mitjan 2002 fins a principi del 2003 s'associa el príncep amb l'actriu de cinema Gwyneth Paltrow. Malgrat que la Casa Reial va voler tallar en sec les especulacions confirmant la veracitat de les informacions que apuntaven que el príncep i l'actriu havien estat sopant junts amb altres amics a Palma de Mallorca, però que de relació, res de res, la indiscreta Gwyneth explicava als seus amics com li agradava l'hereu espanyol. A poc a poc l'actriu es va introduint en el cercle internacional d'amics del príncep, amb base a Londres. Malgrat que se'ls veu junts en diverses ocasions, la relació no prospera. Les possibilitats d'una Grace Kelly a l'espanyola s'esvaeixen. El príncep ha pres nota dels seus errors per no tornar-la a espifiar. Vol que la següent sigui la definitiva. I deixarà tothom bocabadat.

El príncep Felip

La televisiva versió de la Ventafocs

Per primer cop en la història de la monarquia una divorciada es convertirà en reina d'Espanya. Els monàrquics, que tantes vegades han posat el crit al cel per les inconvenients relacions de l'hereu espanyol, han acceptat finalment la decisió del príncep d'Astúries, Felip de Borbó. El 22 de maig es va casar davant de més de mil milions d'espectadors amb Letizia Ortiz, una periodista asturiana que havia estat casada anteriorment amb el seu professor d'institut. Felip, tip d'interferències de totes bandes, ha après la lliçó i s'ha sortit amb la seva. Una bona operació de màrqueting ha fet callar gairebé totes les crítiques de l'entorn monàrquic, que anteriorment havia frenat els prometatges amb Isabel Sartorius, Gigi Howard i Eva Sannum. Alguns monàrquics encara rondinen, però no han pogut desactivar l'operació de la Ventafocs televisiva. Letizia Ortiz Rocasolano és, a partir del 22 de maig del 2004, l'esposa del príncep i la futura reina d'Espanya. Amb 36 anys, Felip ha fruït de la vida tant com ha volgut i més. No s'ha estat de res. Ha tingut una bona formació acadèmica (en què ha faltat, però, el coneixement de les llengües oficials de l'Estat que representa, ja que només parla castellà). Ha viatjat per tot el món a cos de rei. No ha patit mai per arribar a final de mes. No ha treballat per pagar-se els estudis. Ni ha de pagar una hipoteca, perquè la seva casa, que ha costat més de mil milions de pessetes, la hi hem pagat tots nosaltres. I a canvi de què? Doncs a canvi de no gaire res més que això, perquè el paper de la figura de l'hereu, tant a l'Estat espanyol com a la resta de monarquies europees, encara està per definir. Ho explica bé el príncep Frederic de Dinamarca:

> *No aconsegueixo trobar sentit a la meva vida i sento, a més, una gran inseguretat pel que fa al meu futur paper de rei. A vegades, quan em miro al mirall i penso en la meva existència, tinc temptacions de treure-me-la.*

Desconeixem si el príncep Felip ha compartit mai les mateixes sensacions que el seu col·lega danès, però és cert que fins ara la seva trajectòria professional ha estat més aviat grisa. I això que el seu pare li va voler inculcar des de petit la duresa d'aquesta "profes-

sió". Com quan, durant el cop d'estat de Tejero, el va tenir tota la nit despert al seu costat perquè en fos testimoni d'excepció.

"*¡Felipe, no te duermas. Mira lo que hay que hacer cuando se es el rey!*", li va cridar Joan Carles una de les vegades que el cap del petit príncep va cedir a la llei de la gravetat. Un dels principals maldecaps del príncep ha estat intentar mantenir la seva vida privada en la intimitat, i no ha entès mai el seguiment a què ha estat sotmès per part dels mitjans de comunicació, especialment en tot allò que fa referència a les qüestions del cor. Però qui posa els límits d'allò privat i allò públic en una figura com la seva? Quin dret preval, el seu a la intimitat, o el dels ciutadans a saber què fa i amb qui l'hereu de la corona espanyola? Així com la premsa ha estat sempre força respectuosa amb les anades i vingudes del seu pare, el rei Joan Carles, amb el príncep d'Astúries les coses són diferents. Tant ell com les seves amigues ho han pogut comprovar a bastament. Paradoxes de la vida, la seva futura esposa s'ha guanyat les garrofes fent allò que ell ha arribat a detestar en més d'una ocasió. Els dos mesos que van precedir l'oficialització de la seva relació amb Felip de Borbó, Letizia Ortiz Rocasolano, de 31 anys, va ser copresentadora del telenotícies de la nit de TVE. I no només pels seus mèrits propis. Aquest ascens a la televisió pública espanyola formava part d'una estratègia dissenyada des del palau de La Zarzuela que pretenia que la futura reina d'Espanya fos popular, estimada i tingués una imatge impecable. Així que van optar per fer-la presentadora d'un telenotícies. I la van posar al costat d'algú que no destacava precisament ni pel seu atractiu ni per la seva ètica professional: el director d'informatius, Alfredo Urdaci. Els seus companys periodistes sabien des de feia temps que Letizia Ortiz tenia un nou acompanyant, però ella sempre responia amb evasives quan li preguntaven per la seva procedència. Frases com: "*Mi novio tiene perros pero no los pasea*" eren la màxima concessió que feia a les insistents preguntes de les que, fins a aquell moment, havien estat les seves confidents i que ara no entenien el perquè de tant secretisme. La parella reial es va conèixer a principis d'octubre del 2002 en un sopar a casa del periodista de TVE Pedro Erquicia. No era la primera vegada que Felip assistia a un d'aquests sopars, però Letizia hi debutava. Diuen que va ser el mateix príncep qui va demanar al seu amic periodista conèixer la rossa reportera.

De domini públic

Un any després d'aquesta primera trobada, la Casa Reial feia públic el comunicat en què anunciava que el príncep posava seny. El pronunciament de La Zarzuela es va haver de fer a corre-cuita quan la relació entre la parella era un secret de domini públic. Eren uns quants els companys de professió de Letizia Ortiz que s'havien de mossegar la llengua constantment per no revelar la notícia de l'any. La bomba estava a punt d'explotar, i els artificiers de La Zarzuela van decidir que era millor provocar la detonació i controlar, d'aquesta manera, els possibles efectes negatius que pogués desencadenar. Immediatament després de l'anunci del prometatge, Letizia va deixar el seu pis en un barri obrer de Madrid i va traslladar-se a viure a una de les ales de convidats de La Zarzuela. Però aquest no ha estat l'únic canvi de la seva vida. Ja no treballa. Ara aprèn idiomes. I a esquiar. I a muntar a cavall. I la història d'Espanya. I sobretot la dels Borbons. Ja no es compra la roba a Zara, sinó a les botigues més selectes de Madrid. El vestit que lluïa el dia de la petició de mà era un Giorgio Armani que valia 1.800 euros. Una quantitat que no va haver de pagar, perquè la botiga finalment l'hi va regalar. I el vestit de núvia no era de Pronovias, com el de la majoria de companyes de la seva promoció a la facultat, sinó que l'hi va fer a mida i al seu gust Manuel Pertegaz, una de les millors agulles d'aquest país.

Durant les seves aparicions públiques, Letizia ha demostrat una seguretat digna d'una reina. Com quan no es va tallar gens a l'hora de fer callar el príncep davant 350 periodistes dient-li aquell ja famós "*déjame terminar*" que tots els diaris van reproduir en lletra grossa l'endemà de l'acte oficial de prometatge. Alguns interpreten que a partir d'ara l'hereu de la corona anirà per casa seva a toc de xiulet, i el caràcter de la futura princesa d'Astúries ha aixecat algunes crítiques entre els monàrquics més puristes. No va agradar la recriminació que va fer al príncep quan ell la va tallar. Tampoc va agradar que en les seves primeres aparicions no parés de parlar i de gesticular. Ni que es posés a primera fila al costat del seu promès fent cas omís de les estrictes regles del protocol. També li van criticar que gairebé sempre portés pantalons. Que no parés de tocar-se els cabells i que no saludés amb una reverència els seus futurs sogres i les seves cunyades en els actes públics. I, a més a més, que triés un modista italià, Armani, el dia del prometatge oficial, de manera que menyspreava els professionals espanyols. La periodista ha hagut de fer un curs accelerat de bones maneres segons els manuals borbònics i ja és evident el seu canvi d'actitud. Però el fet que es podia esperar que fos més criticat, la seva condició de dona divorciada, finalment ha estat interpretat com una prova de la modernitat de la família reial. Veus com la de l'escriptor Antonio Gala no han aconseguit predicament aquests darrers mesos:

> *Las monarquías son una cosa esencialmente antigua, imposible de modernizar. Si las familias reales, además de sus altos y estáticos privilegios, quieren tener los de los pequeños burgueses (amores, celos, cuernos, divorcios, suicidios falsos y otros aditamentos de la vida) por mal camino van. Lo mejor es que se queden en su Olimpo, sin que los escuchemos respirar. Si todos hemos de ser iguales, pues rompemos la baraja.*

Letizia Ortiz es va casar l'agost del 1998 amb el que havia estat el seu professor de llengua i literatura a l'institut.

Aquest matrimoni va ajudar a posar fi al dels seus pares, ja que mentre la mare (una infermera sindicalista alliberada) donava suport a la filla, el pare (periodista) no estava gens d'acord amb l'elecció del gendre. L'endemà de casar-se la filla, els pares iniciaven els tràmits de separació. Només un any després el matrimoni fracassa, i ella se'n va a viure amb la seva mare i les seves germanes. Anys després, quan ja s'ha fet públic el seu prometatge amb Felip d'Astúries, Letizia demanarà un últim favor al seu *ex*: que recopili totes les imatges gràfiques que hi ha de la seva relació i del seu casament, perquè mai surtin a la llum. Ara, juntament amb el certificat del casament, que va ser civil, estan en una caixa forta. Va ser becària a l'agència de notícies EFE i va treballar al diari *La Nueva España*, d'Oviedo, i a l'*ABC*, on el llavors director, Luis María Anson, va intentar castellanitzar-li el nom canviant la z de Letizia per la c, més castissa. Però no ho va aconseguir. Letizia és molta Letizia. En acabar els estudis es trasllada a viure un any a Mèxic, on entra a treballar al suplement de temps lliure *Tentaciones* del diario *Siglo XXI*. Feia informació d'inauguracions de bars, botigues i restaurants. A Mèxic la periodista rossa va causar estralls entre els homes i un jove pintor la va immortalitzar en un quadre que, posteriorment, va ser utilitzat a la portada del disc d'un dels grups de moda. Al cap de nou mesos torna a Madrid i entra a treballar a la cadena Bloomberg, i poc després se'n va a CNN Plus i, finalment, a TVE. Els companys de les diferents etapes la descriuen com una professional extremadament ambiciosa i perfeccionista. Tots tenien clar que arribaria lluny, però no es podien imaginar fins a quin extrem. La que explicava les notícies és ara la notícia. Al principi de fer-se pública la història amb el príncep, la relació entre aquest i els companys de la seva dona va continuar igual de dolenta com sempre. No se sap si Letizia ha agafat el timó i ha variat l'estratègia. De fet ara la cosa ha canviat considerablement i els escortes ja no són aquells *bulldogs* que bordaven els periodistes cada cop que feien alguna cosa que els desagradava; o que els obligaven a despullar-se completament per trobar-los els rodets amb les fotografies "prohibides". Aquests mateixos periodistes han ensenyat a tot el món com la capital del regne dels Borbons es posava els millors vestits per acompanyar el futur rei. Haurem de posar el temps per testimoni i veure si en el cas de la Ventafocs televisiva i Felip VI es compleix la descripció del periodista Indro Montanelli, que a la dinastia borbònica li va com l'anell al dit:

La corona règia no només és feta de brillants i perles, sinó també de banyes.

BIBLIOGRAFIA

ALMAGRO SAN MARTÍN, M. *Crónica de Alfonso XII y su linaje*. Atlas, Madrid, 1996.
ANSÓN, Luis María. *Don Juan*. Plaza & Janés, Barcelona, 1994.
ANTICH, José. *El virrey*. Planeta, Barcelona, 1994.
APEZARENA, José. *Boda real*. Plaza & Janés, Barcelona, 2004.
APEZARENA, José. *El Príncipe: cómo es el futuro Felipe VI*. Plaza & Janés, Barcelona, 2000.
APEZARENA, José. *Todos los hombres del Rey*. Plaza & Janés, Barcelona, 1997
APEZARENA, José; CASTILLA, Carmen. *Así es el Príncipe. Vida del futuro rey de España*. Rialp, 1993.
ARÓSTEGUI SÁNCHEZ, Julio. *Don Juan de Borbón, los Borbones en el exilio*. Arlanza, 2002.
BALANSÓ, Juan. "Las cuatro mujeres de Fernando VII", dins *Historia y Vida*, número 106, gener 1977.
BALANSÓ, Juan. *La Corona vacilante*. Plaza & Janés, Barcelona, 1996.
BALANSÓ, Juan. *Las alhajas exportadas*. Plaza & Janés, Barcelona, 1999.
BALANSÓ, Juan. *Los diamantes de la Corona*. Plaza & Janés, Barcelona, 1998.
BALANSÓ, Juan. *Por razón de estado*. Plaza & Janés, Barcelona, 2002. Barcelona, 1994.
BARRIOS, Manuel. *El gran amor prohibido de Alfonso XII*. Temas de Hoy, Madrid, 1998.
BARRIOS, Manuel. *Los amantes de Isabel II: una apasionante vida amorosa*. Temas de Hoy, Madrid, 1996.
BÉCQUER, Valeriano i Gustavo Adolfo. *Los Borbones en pelota*. El Museo Universal, Madrid, 1991.
BONO, José. *El Príncipe Felipe. Crónica de un viaje*. Ediciones B, 1998.
BORBÓN, Eulalia de (infanta de España). *Cartas a Isabel II*. Juventud, Barcelona, 1949.
BORRÀS BETRIU, Rafael. *El rey perjuro: Don Alfonso XIII y la caída de la monarquía*. Rondas, Barcelona, 1997.
BORRÀS BETRIU, Rafael. *Los últimos Borbones*. Flor del Viento, Barcelona, 1999.
BORRÀS, Rafael. *El rey de los rojos*. Los libros de Abril, Barcelona, 1996.
CADENAS Y VICENT, Vicente de. *Jornada de Fernando VII y Amalia de Sajonia en los Reales Baños de Solán de Cabras en busca del deseado sucesor*. Hidalguía, Madrid, 1984.
CALDERÓN, Emilio. *Usos y costumbres sexuales de los reyes de España*. Monárquica Cirene, Madrid, 1993.
CIERVA, Ricardo de la. *Don Juan de Borbón: por fin toda la verdad*. Fénix, Madrid, 1997.
CIERVA, Ricardo de la. *El triángulo. Alumna de la libertad*. Planeta, Barcelona, 1988.
CIERVA, Ricardo de la. *Historias de la corrupción*. Planeta, Barcelona, 1992.
CIERVA, Ricardo de la. *La historia se confiesa*. Planeta, Barcelona, 1976.
CIERVA, Ricardo de la. *La otra vida de Alfonso XII*. Fénix, Madrid, 1994.
DANVILA, Alfonso. *Luis I y Luisa de Orleans*. Aldebarán. Madrid, 1997.
DARDÉ, Carlos. *Alfonso de Borbón habla con el demonio*. Planeta, Barcelona, 1995.
DARDÉ, Carlos. *Alfonso XII*. Arlanza, Madrid, 2001.
DARDÉ, Carlos. *La Restauración, 1875-1902*. Historia 16, Temas de Hoy, Madrid, 1996.
DÍAZ-PLAJA, Fernando. *Fernando VII, el más querido y el más odiado de los reyes españoles*. Planeta-Agostini, Barcelona, 1996.

DÍAZ-PLAJA, Fernando. *Otra historia de España*. Espasa Calpe, Madrid, 1987.

DOMÍNGUEZ ORTIZ, A. *Carlos III y la España de la Ilustración*. Alianza, Madrid, 1989.

FERNÁNDEZ DE LA REGUERA, Ricardo; MARCH, S. *La boda de Alfonso XIII*. Planeta, Barcelona, 1995.

FERNÁNDEZ Y GONZÁLEZ, M. *La princesa de los Ursinos*. Tebas, Madrid, 1979.

FERRER, E.; PUGA, M. T.; ROJAS, E. *Matrimonio de amor. Matrimonio de estado. Vida de Alfonso XII y vicisitudes de su reinado*. Eiunsa, Barcelona, 1993.

FISAS, Carlos. *Historias de las reinas de España: la casa de Borbón*. Planeta, Barcelona, 1998.

FUENTE, Ismael. *Don Juan de Borbón: hijo de rey, padre de rey, nunca rey*. Prensa Ibérica, 1992.

G. RICO, Eduardo. *Isabel II*. Planeta, Barcelona, 1999.

GARCÍA ABAD, José. *La soledad del Rey*. Esfera de los libros, Madrid, 2004.

GARCÍA CÁRCEL, Ricardo. *Felipe V y los españoles*. Plaza & Janés, Barcelona, 2002.

GARCÍA QUEIPO DE LLANO, Genoveva. *El reinado de Alfonso XIII*. Historia 16, Temas de Hoy, Madrid, 1997.

GARCÍA, Fernando. *Isabel Sartorius: casi una reina*. Temas de Hoy, Barcelona, 1991.

GARCÍA, Fernando. *La boda del siglo*. Temas de Hoy, 2004.

GIMÉNEZ LÓPEZ, Enrique. *El fin del antiguo régimen: el reinado de Carlos IV*. Temas de Hoy, Madrid, 1996.

GONZÁLEZ CREMONA, Juan Manuel. *Mis amores reales*. Plaza & Janés, Barcelona, 1997.

GONZÁLEZ CREMONA, Juan Manuel. *El azar y la historia*. Planeta, Barcelona, 1994.

GONZÁLEZ CREMONA, Juan Manuel. *Amantes reales*. Edaf, Madrid, 1992.

GÜELL, Carmen. *María Luisa de Parma: los secretos de la esposa de Carlos IV*. La Esfera de los Libros, Madrid, 2003.

GUERRERO, Alonso. *El edén de los autómatas*. Plaza & Janés, Barcelona, 2004.

HIJANO, Ángeles. *Victoria Eugenia: una reina exilada*. Aldebarán, 2000.

Historia de la España sorprendente, Madrid, 1992.

INFANTE, José. *¿Reinará Felipe VI?* Martínez Roca, 2003.

"El Jueves" y la monarquía: tocando los Borbones. El Jueves, Barcelona, 2004.

JUNCEDA ABELLÓ, Enrique. *Ginecología y vida íntima de las reinas de España*. Temas de Hoy. Col·l. Historia de la España Sorprendente, Madrid, 1992.

LA PARRA, Emilio. *Manuel Godoy: la aventura del poder*. Tusquets, Barcelona, 2003.

LARIOS MARTÍN, Jesús. *Dinastías reales de España*. Hidalguía, Madrid, 1994.

LUZ, Pierre de. *Isabel II, reina de España. 1830-1904*. Juventud, Barcelona, 1990.

LLORCA, Carmen. *Isabel II y su tiempo*. Istmo, Madrid, 1984.

MANTÉ, Blay. "La vida alegre d'Alfons XIII". *Sàpiens*, núm. 10, agost 2003.

MARES DEULOBOL. *Notas sobre Figueras*. Annals de l'Institut d'Estudis Empordanesos, 1966-67.

MARGARIT, Isabel. *La vida y la época de Alfonso XII*. Planeta, Barcelona, 1998.

MARQUÉS DE MIRAFLORES. *Memorias del reinado de Isabel II*. Atlas, Madrid, 1964.

MATEOS SÁINZ DE MEDRANO, Ricardo. *Los desconocidos infantes de España*. Thassàlia, 1997.

MATEOS SÁINZ DE MEDRANO, ISABEL BERTRAL I MONTSE JOLIS. *Felipe & Letizia, el álbum de oro del compromiso real*. Ediprem Comunicación, 2004.

MENÉNDEZ-PIDAL. *Historia de España*. Espasa Calpe, Madrid.

MONTERO ALONSO, José. *Sucedió en palacio*. Prensa Española, Madrid, 1974.

NOEL, Gerard. *Victoria Eugenia, reina de España*. Javier Vergara, Buenos Aires, 1984.

PARROTA, Ricardo. *La mejores anécdotas de Felipe*. La Esfera de los Libros, Madrid, 2003.

PELLA I FORGAS, J. *Historia del Ampurdán: Estudio de la civilización en las comarcas del noroeste de Cataluña*. Editorial Luis Taso y Serra, Barcelona, 1883.

PEÑAFIEL, Jaime. *¡Dios salve a la Reina!* Temas de Hoy, Madrid, 1998.

PEÑAFIEL, Jaime. *¡Dios salve... también al Rey!* Temas de Hoy, Madrid, 1997.

PEÑAFIEL, Jaime. *¿Y quién salva al Príncipe?* Temas de Hoy, Madrid, 1998.

PÉREZ GALDÓS, Benito. *La corte de Carlos IV*. Historia 16, Madrid, 1992.

PLATÓN, Miguel. *Alfonso XIII: de Primo de Rivera a Franco*. Plaza & Janés, Barcelona, 1998.

PORTERO, Ángela. *Príncipe de corazones: la vida sentimental de Felipe de Borbón*. La Esfera de los Libros, Madrid, 2004.

PORTERO, Ángela. *Tú serás mi reina: Letizia Ortiz, una periodista camino al trono*. Espejo de Tinta, Madrid, 2003.

PUGA, Maria Teresa. *El matrimonio de Isabel II*. Universidad de Navarra, Pamplona, 1964.

PUGA, María Teresa; FERRER, Eusebio. *20 infantas de España*. Juventud, Barcelona, 1998.

QUERALT, Maria Pilar. *Novias reales*. Debolsillo, Barcelona, 2004.

RAYÓN, Fernando. *La boda de Juan Carlos y Sofía*. La Esfera de los Libros, Madrid, 2002.

RECIO, Carles. *La princesa Letizia. Érase una vez*. Carena, València, 2003.

RICO, Eduardo C. *Isabel II*. Planeta, Barcelona, 1999.

RÍOS MAZCARELLE, Manuel. *Vida privada de los Borbones I*. Merino, Madrid, 1994.

RÍOS MAZCARELLE, Manuel. *Vida privada de los Borbones II*. Merino, Madrid, 1995.

ROJAS, Carlos. *La vida y la época de Carlos IV*. Planeta, Barcelona, 1997.

RUIZ MORAGAS, Leandro Alfonso. *El bastardo real; memorias de un hijo no reconocido de Alfonso XIII*. La Esfera, Madrid, 2002.

SECO, Juan Carlos. *Juan Carlos I, el rey que encontró América*. Anaya, Madrid, 1998.

SENTÍS, Carlos. *Seis generaciones de Borbones y un cronista*. Destino, Barcelona, 2004.

SOLÉ, José María. *Los pícaros Borbones*. La Esfera de los Libros, Madrid, 2003.

SORIANO, Manuel. *Sabino Fernández Campo, la sombra del Rey*. Temas de Hoy, Madrid, 1995.

SVERLO, Patrícia. *Un rei cop per cop*. Kale Gorria, 2002 (es pot baixar per Internet de franc: www.geocities.com/patriciasverlo).

URBANO, Pilar. *La Reina*. Plaza & Janés, Barcelona, 1997.

VACA DE OSUNA, José Antonio. *Alfonso XIII: el rey paradoja*. Biblioteca Nueva, Madrid, 1993.

VALLE-INCLÁN, Ramón del. *El ruedo ibérico y la corte de los milagros*. Espasa Calpe, Madrid, 1990.

VIDAL SALES, José Antonio. *Crónica íntima de las reinas de España*. Planeta, Barcelona, 1994.

VILALLONGA, José Luis de. *El Rey: conversaciones con D. Juan Carlos I de España*. Plaza & Janés. Barcelona, 1994.

VOLTES, Pedro. *Carlos III y su tiempo*. Juventud, Barcelona, 1964.

VOLTES, Pedro. *Fernando VII*. Juventud, Barcelona, 1985.

ZAVALA, José Maria. *Dos infantes y un destino*. Plaza y Janés, Barcelona, 1998